主题课程开发与实施的整合研究

王军钊 著

光明日报出版社

图书在版编目（CIP）数据

主题课程开发与实施的整合研究 / 王军钊著．--北京：光明日报出版社，2018.1（2021.8 重印）
ISBN 978－7－5194－3924－8

Ⅰ.①主… Ⅱ.①王… Ⅲ.①思想品德课—教学研究—小学 Ⅳ.①G623.102

中国版本图书馆 CIP 数据核字（2018）第 016775 号

主题课程开发与实施的整合研究

ZHUTI KECHENG KAIFA YU SHISHI DE ZHENGHE YANJIU

著　　者：王军钊

责任编辑：曹美娜　朱　然　　　　责任校对：赵鸣鸣
封面设计：范晓辉　　　　　　　　责任印制：曹　净

出版发行：光明日报出版社
地　　址：北京市西城区永安路 106 号，100050
电　　话：010－63169890（咨询），010－63131930（邮购）
传　　真：010－63131930
网　　址：http：//book.gmw.cn
E - mail：caomeina@gmw.cn
法律顾问：北京德恒律师事务所龚柳方律师

印　　刷：三河市华东印刷有限公司
装　　订：三河市华东印刷有限公司
本书如有破损、缺页、装订错误，请与本社联系调换

开　　本：170mm×240mm
字　　数：296 千字　　　　　　印　　张：16.5
版　　次：2018 年 1 月第 1 版　　印　　次：2021 年 8 月第 2 次印刷
书　　号：ISBN 978－7－5194－3924－8

定　　价：59.00 元

序　言

《中国学生发展核心素养》所构建的“三个方面、六大素养、十八个基本点”的核心素养体系，有着清晰的目标指向，即培养“全面发展的人”。由此，我们可以看出，这是一场推动中国教育全方位改革的新革命。随之而来的还有一线校长和教师们最为关心的热点问题，即核心素养如何通过深化课程改革进行落实和转化的问题。

“核心素养”首先将落脚点定位于“人”，且超越了传统的“知识”和“技能”，是知识、技能、情感、态度和价值观在更高层次的整合与提升。在这一体系下，学会学科知识本身不是教育目的的全部，形成应用知识和技能解决生活任务的能力与价值态度才是教育的真正目的所在。顶层理念的巨大变化，将对我们业已习惯的分科课程及其教学方式提出重大挑战。

《基础教育课程改革纲要》中也明确指出，“改变课程结构过于强调学科本位、科目过多和缺乏整合的现状，整体设置九年一贯的课程门类和课时比例，并设置综合课程，以适应不同地区和学生发展的需求，体现课程结构的均衡性、综合性和选择性”。《纲要》为各地各校开展课程整合研究提供了政策依据，并提出了明确的方向。

我们可以看出，传统的分科课程及其教学方式不足以承担起培育学生核心素养的使命。为此，国家课程的校本化实施是必然的选择。在深化课程改革中，“增强整体性，强化各学段、相关学科纵向有效衔接和横向协调配合”“开展跨学科主题教育教学活动，将相关学科的教育内容有机整合”将成为课程改革的方向，“课程整合”正在成为核心素养培育最为主要的路径。

在过去的几年中，各地已经出现了很多优秀的课程整合案例，有跨学科的整合，也有学科内的整合，也因此产生了不同的整合课程的分类方法和名称。无论课程整合如何实施，我们都要明确的是，让学生和教师一起，在真实情境中围绕生活问题一起学习和创造知识，实现每一个人的自我成长，使他们将来有能力促成社会的良性运转，这才是课程整合的目的所在，才是"必备品格"和"关键能力"的核心所在，才是核心素养落地的终极追求所在。

自2013年以来，荣成市府新小学经过充分的调研后，在教研中心刘开勇主任和教研员张春芳老师的指导下，开启了国家课程校本化之旅。树立"大课程观"，打破分科壁垒，他们以主题课程的形式将国家课程《品德与社会》、地方课程《环境教育》《安全教育》《传统文化》等课程进行了统整。在坚持国家课程标准的前提下，打破原有的课程体系，合力研发课程资源，进行了教材的校本化处理，破除国家课程和地方课程的割裂状态，避免了课程内容的交叉重复，通过删减增补、重组融合，开发主题课程资源包，形成以自主性、体验性、开放性、生成性为主要特征的"主题模块"来实施教学，达到或超越原课程设置目标的课程实践活动，转变了原有的教学方式和评价方式，引领学生在真实性学习和深度实践体验中，培养良好的学习习惯和自主探究能力，提高未来公民所需具备的核心素养。

一分耕耘，一分收获。多年的课程整合之路，学校领导和课题组教师利用大量课余时间，除研读课标、教材及无数的相关资料外，更多的是研究学情、学校特色和自身特点，经历了一次次毫无参照物的探索，一次次全盘否定再重来，在"山重水复疑无路"的摸索中，不忘初心，砥砺前行，体验到"柳暗花明又一村"的惊喜，完成了一次次新的调整和突破。在失败和希望交替之中，完成了"化茧成蝶"的痛苦蜕变和美丽转身。学校的研究成果获2014年度威海市创新成果一等奖；2015年在"威海市课程教学质量下乡万里行活动"中，进行典型经验交流发言，将研究成果在区域内进行推广；2017年5月在"山东省首届优秀课程整合案例评选"中获得一等奖。

作为一所年轻的学校，能够自发地带领教师，脚踏实地，超越自我，勇于挑战，敢于创新，积极探索课程整合的路径，并且用心地实现学校及师生的自主发展、内涵和特色发展，这是非常值得肯定的。相信他们的做法和取得的成效会为荣成的课程改革注入新的生机与活力，引领其他学校向一个新的高度不断成长和发展。

本书汇集了府新小学的课程整合成果，凝聚了教师们的大量心血，期盼着该书的出版会为那些正在走课程改革之路的学校和同行提供一些切实可行的经验和方法，能够让他们少走一些弯路，大家互相学习，共同成长！

程方平

2017 年 6 月 20 日

（程方平，中国人民大学教授，原中央教育科学研究所研究员，学术委员会主任，兼任中国比较教育学会常务理事、中国国情研究会理事。研究领域：教育史、比较教育、民族文化教育、教师理论等。）

前　言

在这智慧的年代，
亦有无知的时刻，
大量闪烁发光的事实，
自天倾盆而降，
未经质疑，互不联系。
睿智每日萌生，
足以消除人间祸患，
但至今未有编织机，
将它顺理成章……

张华教授在《论我国基础教育课程改革“再出发”》报告中在谈到课程整合时，首先引用了米莱(Edna St. Vincent Millay)的诗，对于“课程整合”的内涵，他是这样理解的：“课程整合即课程的综合化，这不是在技术上把不同的知识点归纳起来，而是课程价值观和知识观的变革。在价值观上，它追求的是‘教育民主’，它致力于让已被破坏的世界得到修复，而让未被破坏的世界保持原样。在知识观上，它致力于知识与生活的融合，知识与个人经验的融合。”

教育要尊重教育规律，走在儿童发展的前面。面对国家课程《品德与社会》与地方课程存在的目标和内容重复、教师兼职分身乏术、课程设置壁垒森严、评价不力等导致课程实施效率低下的现状，我们进行了课程整合研究，旨在通过《品德与社会》课程与地方课程的目标、内容、实施和评价等方面的系统研究，将它们融合成一门主题课程并组织教学，较好地促进学校整体教学的优化，切实减轻教师负担，更好地服务于学生的成长。

在课程团队的共同努力下，我们通过目标分析与比较、内容梳理与重组、体系建构与开发、主题确定与设计，开发了主题课程资源包，通过课题联排的方式给予学生充分探究的时间与空间，通过落实六种指导课型、经历五种活动方式组建“教师指导团”和研发多方资源，切实保证主题课程实施的有效性。

教育的本质在于唤醒，教学的本质是倾听和对话。我们在这样的课程实施中，让教学变成研究，让课堂成为探索、体验、创造的殿堂，变成倾听、交流和分享的平台。教师的内在潜能得到充分开掘，成为最重要的课程资源，家长变成最贴心的“同盟军”，师生教学相长，生命的光彩绽放在孩子们童真的脸上。

生命之美，莫若成长；守其初心，功在不舍。课程整合的研发与实施过程也是一段生命成长的历程，阳光很近，路很远……

王军钊

2017 年 6 月 15 日

目　录
CONTENTS

第一章

构建主题课程的缘起

课程整合是一个具有多种含义并涵盖多种课程实践的概念。从 20 世纪 70 年代以来,联合国教科文组织对中小学教育内容问题一直十分关注,组织了一系列各种层次的研究和讨论会,并在 80 年代委托国际著名教育专家伊朗的拉塞克和罗马尼亚的维迪奴进行了教育内容发展趋势的专题研究,研究结果形成了一份专题报告——《从现在到 2000 年教育内容发展的全球展望》。他们就"课程整合"问题进行了专门研究,深入到学科之间的关系,概括阐述了"跨学科性"整合课程的命题,设计出了实现课程整合的"课程计划的方法论框架"。

欧美一些国家是课程整合理论的发源地,在课程整合实践的探索中也成果丰硕。例如,美国实行的《普及科学——美国 2061 计划》,它依据科学发展综合化的趋势和要求,先从横向上划分出新的五大类学科,它们分别是"生物科学和保健科学""数学""自然科学、信息科学和工程学""社会科学和行为科学""技术",并以此为框架,分别选择出内容。然后,将这些"分科"的内容进行再次的水平维度的整合,分为有机排列的"科学的性质""数学的性质""技术的性质""自然环境""生存环境""人类机体""人类社会""被改造了的世界""数学世界""历史观点""通用概念"和"思维习惯"12 个部分,构成了在幼儿园、中小学里应当学习、掌握、形成的知识、技能和处事态度的新内容和新框架。

再如德国,从 21 世纪初开始,对初等教育的教学内容进行了整合,设立"促进课",主要通过采用"事实教学",围绕儿童的环境进行学习,其教学内容涉及自然、社会以及家政、交通安全教育、性教育等广泛领域。法国开设的"研究性学习"课程首先在初中二年级进行,称为"多样化途径",目的是为了打破学科的分隔,使学生在一般概念、各个学科、周围环境之间建立联系,加强学科知识内容的整合和引导学生在实践中运用已经掌握的知识。

亚洲的韩国改革了小学 1 ~2 年级的课程,将语言、道德和社会科学知识整合为“现实生活”课，将自然科学的有关知识整合为“探究生活”课，将音乐、体育、美术整合为“快乐生活”课，其目的是使教学与学生生活结合，减轻儿童的学习负担。这些国家成功研究的经验给予了我们许多的借鉴。

我国的课程整合起步较晚，但在进入21世纪的前后几年，却表现出了更多积极的信号。主要可以分为如下三类：一是构建综合课程。如小学的《品德与社会（生活）》《综合实践活动》，中学的综合文科与综合理科，这些课程都体现了课程整合的理念。二是开展信息技术与学科课程整合实验。主张把各种技术手段完美地融合到课程中，超越不同知识体系而以关注共同要素的方式来安排学习。三是部分学校课程整合的探索。如2001年杭州市崇文实验学校侧重于“课程改编”的学科内和学科外的课程整合实践，整合学科成“生活”课；学科间相关内容的整合，即把不同学科中互相融合、交叉之处整合在一起进行教学；主题协同教学，即将各门学科中带有普遍性联系的内容抽取出来，设计安排成一体化的主题单元。2003年，上海市梅陇小学“实施校本课程编整”，以指定教材为主要的教学资源，对不同版本教材进行“剪裁”，以达到学科教学内容的结构性整合，实现教学资源的优化。此外，清华附小开展的“1 + x 课程”体系的建构，北京亦庄实验小学的“全课程”实施，重庆谢家湾小学小梅花课程体系的探索等行动，也都能给我们以启示。

十多年来，国内学者们对课程整合的理论和实践进行了大量的探索与思考，积累了相当多的经验，为我国教学改革和发展提供了许多有价值的参考。对于课程整合的内涵与实践，徐玉珍提出：课程整合不是与课程分化相对立的课程设计方式，而是与课程分化相对应并相互包含的课程设计方式。课程整合不是一个固定的模式，而是一种多样化的课程设计方式；课程整合不是一个结果，而是一个过程，并强调学校课程整合的实践策略应从熟悉的开始、从容易的开始、在协作中开始。

结合国内外课程整合的现状，我们可以发现：一是进行课程整合，构建综合课程，这是当前世界各国的课程建设，特别是基础教育课程建设的基本潮流，通过课程整合，开展主题式综合课程活动，使学生更加贴近生活、社会，从而提高学生学习兴趣，增长学生各项能力，并降低学生过重的课业负担。二是透过各国课程整合的案例，发现课程整合大体包括三种类型：自然科学的整合课程、社会科学的整合课程、自然科学和社会科学融合而成的课程。三是我国内地在课程整合的进程上明显落后于世界发达国家。

课程整合得到了众多教育者的广泛了解和重视。从立新在《课程论理论基础的心理学转向》中指出:“发展心理学对于课程的影响,在于如何设计安排课程不应当以理想化的成人学习模式为基础,而应当以儿童不同的认识发展阶段,尤其是这些发展阶段的质的特征为基础。”我国在2001年发布的《基础教育课程改革发展纲要》(试行)中指出,要“改变课程结构过于强调学科本位、科目过多和缺乏整合的现状,体现课程结构的均衡性、综合性和选择性”“小学阶段以综合课程为主”。在2010年发布的《国家中长期教育改革和发展规划纲要》中指出“强调优化知识结构,丰富社会实践,强化能力培养”“学校要把减负落实到教育教学各个环节,给学生留下了解社会、深入思考、动手实践、健身娱乐的时间。促进学生主动活泼学习、健康快乐成长,率先实现小学生减负”。这些教育文件的发布,也将推动我国义务教育阶段教育课程整合的步伐紧跟甚至赶超世界潮流。

著名教育家杜威对进步主义教育理论做了很好的总结:教育的本质是经验的不断改造和重组。后现代课程理论认为,建构主义的课程是透过参与者的行为和相互作用而形成的,不是那种预先设定的课程。课程越丰富,交叉点越多,构建的联系性越多,随之意义也就越加深化。知识中心综合课程论、儿童中心综合课程论、问题中心综合课程论、人性中心综合课程论都倡导综合课程。

课程改革实施以来,国家实行三级课程管理,地方政府、学校在课程设置上有了更多自主权。在认真贯彻落实国家、地方两级课程的基础上,我校也一直在积极、努力地进行校本课程的开发。开发哪些课程才能真正体现学校特色?校本课程如何进行校本化实施?综合实践活动作为学校开发与实施的课程,学校如何结合社区资源和学校特色开发其课程体系?面对这些,我们开始了不断地思考和不懈地探索。

在这个过程中,我们惊奇地发现,当把一个年级的《品德与社会》《安全教育》《环境教育》等课本打开放在一起的时候,竟然有很多内容是重复或者是相近的。尽管在不同学科中它的侧重点多少有些不同,但主要内容和目标却没有太大差别。换句话说,思想品德和地方课程中有很多方面的内容属于同一活动领域,内容有交叉,目标有重复。

年级	《品德与社会》	《安全教育》	《环境教育》	《传统文化》
三年级	下册第一单元《珍爱生命》 第 1 课《美丽的生命》 第 2 课《我们的生命》		第二单元《珍爱生命》 第 5 课——第 10 课	
	下册第四单元《一方水土养一方人》 第 1 课《我的家乡在哪里》 第 2 课《家乡的美景家乡的人》 第 3 课《浓浓乡土情》		第一单元《美丽的家乡》 第 1 课《自然美景看不够》 第 2 课《齐鲁风情》 第 3 课《丰富的资源》 第 4 课《我的家乡》	第二单元《名人长廊》 第 4 课《孔子》 第 5 课《孟子》 第三单元《名胜佳境》 第 8 课《黄河》 第 9 课《五岳独尊——泰山》
	下册第一单元《珍爱生命》 第 3 课《安全的生活》	第 1 课《上学路上保安全》 第 2 课《安全标志要记牢》 第 6 课《安安全全去游玩》 第 7 课《我们的援助电话》		
	下册第一单元《珍爱生命》 第 3 课《安全的生活》	第 3 课《卫生安全我做主》 第 4 课《防止校园中的人为伤害》 第 5 课《避免校外游戏中的意外伤害》 第 8 课《小心火灾》 第 9 课《大自然发脾气时怎么办》		
……	……	……		……

我们把课时打通，通过进一步调查，发现了学校教师任课的现状。36 个专职教师兼课三门以上的就有 20 人。三、四、五年级的班主任身兼数职，每周数学 4 节、思想品德 3 节、地方 1 节、综合实践 3 节、心理健康 1 节，还要兼任低年级校本（或思想品德）2 节。备好课才能上好课，教师兼任的众多科目都要精心准备，能力和精力显然不够。兼课过多使教师分身乏术，造成有的课程只能“走过场”，有的教师干脆把地方课程上成语文、数学或英语，这必然会影响到学生不能深入地走进课程。然而，要给每门课程都配备专任教师，显然又是无法实现的。

学科名目的繁多，加重了教师和学生的负担，学科间的重复和上课教师单调的传授方式，让教师不愿教，学生不爱学，专家们辛辛苦苦编写出来的教材就这样成为了“鸡肋”。

究其原因，内容重复、教师兼课导致质量下降、授课方式单一等让学生对课程失去了兴趣。因此，在小学进行课程整合很有必要，也落实了素质教育决定中的学校教育必须以培养学生的创新精神和实践能力为重点的精神。

众所周知，《品德与社会》课程是在小学中高年级开设的一门以学生生活为基础、以学生良好品德形成为核心、促进学生社会性发展的综合课程。地方课程是地方本位课程，是不同地方对国家课程的补充，具有鲜明的地域色彩。这几门课程都强调了活动性、实践性，但在具体教学过程中并未真正实现学习活动的多样和实践，采取的还是教师讲、学生听的方式，只能在教室内完成各种教学任务。

课程处于中小学教育的核心位置，课程整合需要“合并同类项”，避免简单重复，需从学科内到学科间寻找“共同因子”。但不能止于此，而应该从目标、内容、教学、评价等方面进行系统设计，实现更高层次的融合，培养完整的人。

鉴于以上分析，我们以国家课程《品德与社会》为主线，以知识的转化与实践应用能力的培养为重点，融合地方课程（《安全教育》《环境教育》《传统文化》），加上教师的加工，建立了将学校环境、家庭环境和社会环境，将学习与自主活动各方面融合在一起的综合性课程体系，课内与课外学习的有机结合，自我、自然和社会内容的整合，实践性、研究性等多种学习方式的综合，最终使学生成为一个具有科学素养与人文情怀的生命成长个体。

“课程整合”是合理地在课程的各个部分、各个要素之间建立密切的联系，有效地进行课程改编、课程再造、课程建设和课程重构，使其成为一个完满的整体，其目的是提升课程教学的有效性。

主题课程的生成要义在“整合”，而整合的主要含义是综合、融合、集成、成为整体、一体化等。“课程整合”也称“课程综合化”“课程一体化”等。

关于课程整合，美国学者雅克布斯对其也有六种不同的设计策略，以供学校教师选择。这六种设计策略：学校本位的设计，即在学科的框架之内实现课程内容的整合；平行设计，即将两门相关的学科的某些主题安排在同一时间教学，而把建立两门平行学科之间的关联的责任交给学生；多学科设计，即围绕一个共同的主题将多个相关学科整合在一个正式的单元或学程里；跨学科设计，即将学校课程中的所有学科有意识地统合在一起，形成常规的大单元或学程；“统整日”设计，即完全从学生生活世界或好奇心出发而开展活动；现场教学，这是跨学科设计的一种极端方式，以学生所在的学校环境及日常的生活为内容展开学习，是一种完全的整合设计。

那么，我校开展“小学《品德与社会》与地方课程有效整合”研究，是立足于提高实效、落实基础育人目标，将小学三、四、五年级国家课程《品德与社会》与地方课程《环境教育》《安全教育》《传统文化》等相关内容，通过删减增补、重组融合，既有学科间整合，又有学科内整合，形成以自主性、体验性、开放性、生成性为主要特征的“主题模块”来实施教学，达到或超越原课程设置目标的课程实践活动。整合后的课程称为主题课程，属于综合课程范畴。

赫尔巴特认为，只有综合教学“能够承担教育所要求的建立整个思想体系的任务”。我们以儿童的“思想圈”为出发点，从构建研究机制开始，进行整合教材、统筹课程、探索主题课程组织形式等系列研究，较好地解决课程整合过程中的系列实践操作问题，以达到最终培养人的完整人格的目的。

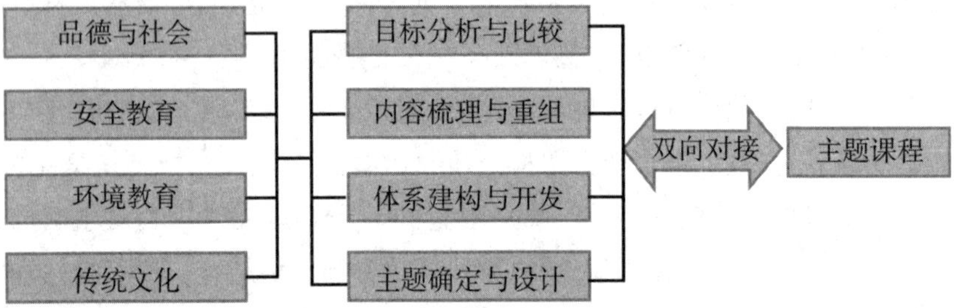

主题课程是让学生改变长期以来被动接受知识的学习方式，将学生置于一种主动探究并注重解决实际问题的学习状态，学生通过自己的亲身体验探究了解知识的形成和发展过程，真正把教育的重心放在培养学生的创新精神、实践能力和终身学习的能力上。整合减少了课程门类，主题课程的研发与实施提高了课程综合性，减轻了学生和教师的负担。教师改进了教学方式，提升了专业水平，学生在自主探究状态下的学习将获得更高的学习效率和学习质量。

第二章

主题课程的目标

目标是课程的核心,是课程实施的根本出发点和落脚点。课程目标是学校办学理念、培养目标的体现,是主题活动实施之后学生在知识、能力、情感等方面达到的程度。目标的确立对主题课程的日常教学工作和管理工作具有导向性,将影响和制约课程内容及日常的教育教学行为。

依据2001年教育部《基础教育课程改革纲要(试行)》和新修订的各整合学科课程标准的要求,结合我校办学理念,我们确定了主题课程的各级目标,该目标具有整体性、连续性和层次性的特点。

第一节 主题课程的总目标

一、主题课程总目标的确立依据

确立主题课程的总目标,使其成为课程的灵魂,是课程实施的根本出发点和最终落脚点。确立主题课程的总目标,我们主要是依据以下几个方面:

一是关注学生的身心特点,为学生发展奠基。课程的基本职能是促进学生身心发展,使其行为方式发生各种改变。所以我们在制定课程目标时应关注学生身心发展的各种需求,尊重其个性,体现他们的意志,使学生得到全面发展。

二是关注社会的实际需要,为社会培养人才。学校是社会生活的一部分,学生也是社会群体的一部分,学校教育的一个主要任务就是使学生逐渐社会化,为明天走向社会做准备。课程目标不仅要适应当下的社会需要,还应走在社会发展的前头,预示未来社会的状态和需求,以不断适应发展变化中的社会。

三是关注主题课程的发展要求,助学生提高技能。主题课程实施是基于学生的直接经验,体现对知识的综合运用,注重学生动手能力、生活能力、探究能力和合作能力的培养。

二、主题课程总目标的确立方法

整合的基本底线是确保整合前所有的课程目标都能实现。我们认真研读国家课程《品德与社会》的课程标准、课程指导纲要以及地方课程指南等材料,梳理出这些课程的标准和主题课程目标,并进行分类,采用双向对接的方式,从情感态度价值观、能力、知识三个维度进行梳理,将课程标准中的每一项内容都在主题课程中找到落实点,同时,也在每一个主题中找到课标中的依据。这样,使原来重叠的目标得以精简、分散的目标相互融合、杂乱的目标变得清晰,既保证了原有课程目标不缺失,又使原来各自表述的目标实现了有机统一。生成新的主题课程目标不但完全涵盖了原有课程标准,还在此基础上有所拓展和延伸。

小学3～5年级《品德与社会》与《安全教育》《环境教育》《传统文化》目标分析

项目	《品德与社会》	《安全教育》	《环境教育》	《传统文化》	整合后的目标
总目标	旨在促进学生良好品德的形成和社会性发展，为学生认识社会、参与社会、适应社会，成为具有爱心、责任心，形成良好的行为习惯和个性品质的社会主义合格公民奠定基础。	培养学生的社会安全责任感，使学生逐步形成安全意识，掌握必要的安全行为知识和技能，了解相关的法律法规常识，养成在日常生活中遇到突发安全事件时能够正确应对的习惯，以保障中小学生安全健康的成长。	以培养环境素养为主旨，引导学生关注家庭、社区、国家和全球面临的环境问题，正确认识个人、社会和自然之间相互依存的关系；帮助学生获得人与环境和谐相处所需要的知识和技能，养成有益于环境的情感、态度和价值观；鼓励学生积极参与面向可持续发展的决策与行动，成为具有社会实践能力和责任感的公民。	1. 认识传统文化的丰厚博大，吸收传统文化的智慧，初步感悟、了解传统文化的精神、审美理想、审美情趣等，感受中华民族的文化魅力，增强民族自信心和自豪感。 2. 培养爱国主义情感及社会主义道德品质，逐步形成积极的人生态度和正确的价值观，不断提高自己的文化品位，不断丰富自己的精神世界。 3. 初步了解传统文化的基本内容和形式，自觉拓展学习视野，积极参与校内外的传统文化活动。 4. 培养热爱传统文化的情感，掌握学习传统文化的科学方法，养成学习传统文化的良好习惯。 5. 学习传统文明礼仪，提高个人修养。 6. 初步学会文明地进行人际沟通和社会交往，培养合作意识。	1. 引导学生认识社会、了解环境、注意安全、参与社会和适应社会。 2. 培养学生的社会安全责任感、环境素养，提高文化品位，培养爱国主义情感及社会主义道德品质，逐步形成积极的人生态度和正确的价值观。 3. 学生通过学习、研究和实践，成为具有爱心、责任心，形成良好的行为习惯和个性品质的社会主义合格公民，成为“有中华情怀和现代素养的中国人”。

续表

项目		《品德与社会》	《安全教育》	《环境教育》	《传统文化》	整合后的目标
具体目标	情感·态度·价值观	1. 珍爱生命，热爱生活。养成自尊自主、乐观向上、热爱科学、热爱劳动、勤俭节约的态度。 2. 在生活中养成文明礼貌、诚实守信、友爱宽容、公平公正、热爱集体、团结合作、有责任心的品质。 3. 初步形成民主、法制观念和规则意识。 4. 热爱祖国，珍视祖国的历史、文化传统。尊重不同国家和人民的文化差异，初步具有开放的国际意识。 5. 关爱自然，感激大自然对人类的哺育，初步形成保护生态环境的意识。	1. 感悟生命的意义和价值，形成尊重生命、珍视健康的态度。 2. 培养社会安全责任感，形成安全意识，养成安全习惯。 3. 树立拒绝诱惑、远离危险、防范侵害的自我保护意识。 4. 珍视他人的生命与健康权利，富有爱心和责任感。 5. 遵纪守法，遵守社会公德，维护公共秩序。 6. 培养积极向上的生活态度，形成健康健全的人格。	1. 了解人对环境的依赖，反思个人生活对周围环境的影响。 2. 树立起关爱生命、尊重自然的意识。 3. 意识到公民在环境中的权利和义务。 4. 关注环境，积极参与社区环境教育宣传活动，做一个有社会责任感的公民。	1. 对传统文化产生较为浓厚的兴趣。 2. 学习传统文明礼仪，规范自己的言行。 3. 通过传统文化学习，不断增强民族自信心和民族自豪感，进一步提高自己的审美情趣。	1. 珍爱生命，热爱生活。养成自尊自主、乐观向上、热爱科学、热爱劳动、勤俭节约的态度。 2. 在生活中养成文明礼貌、诚实守信、友爱宽容、公平公正、热爱集体、团结合作、有责任心的品质。 3. 初步形成民主、法制观念和规则意识。 4. 热爱祖国，珍视祖国的历史、文化传统。尊重不同国家和人民的文化差异，初步具有开放的国际意识。 5. 关爱自然，感激大自然对人类的哺育，初步形成保护生态环境的意识。

续表

项目	《品德与社会》	《安全教育》	《环境教育》	《传统文化》	整合后的目标
能力	1. 能够初步认识自我，控制、调整自己的情绪和行为，初步掌握基本的自护自救的本领，养成良好的生活和行为习惯。 2. 能够清楚地表达自己的感受和见解，能够倾听他人的意见，能够与他人平等地交流与合作，学会民主地参与集体生活。 3. 学习从不同的角度观察、认识、分析社会事物和现象，尝试合理地、有创意地探究和解决生活中的问题。学会对生活中遇到的道德问题做出正确的判断和选择。 4. 学会收集、整理、分析和运用社会信息，能够运用简单的学习工具探索和说明问题。	1. 有效预防自身安全事故的发生，具备应对安全事故的自救、自护能力。 2. 能够对各种不安全因素进行正确的辨别和判断，学会恰当避险。 3. 初步认识社会生活的复杂性，能够做出有利于个人安全和社会安全的行为选择。 4. 在保障自身安全的情况下，能采用恰当的途径和方法救助他人。	1. 观察并分析周围环境的状况及其变化。 2. 识别家庭、学校和社区的环境问题，并实施评价，设计解决方案。 3. 运用观察、实验、网络等方式获取环境信息，并将这些信息进行整理、加工和分析。 4. 围绕环境问题表达自己的观点，并能够与他人进行有效沟通与合作探究。 5. 批判性地思考区域或全球主要环境问题及其成因，并能够分析、对比各种解决途径。	1. 能熟练诵读相关作品，并能初步理解其意思。 2. 能够尝试表达自己学习经典古诗文的感受和见解。 3. 在教师的指导帮助下，能够与同学合作，尝试进行文化名胜游览和当地传统文化考察等活动。	能够初步认识自我和保护自我，增加对社会、安全、环境和文化问题的理解，培养其初步的分析与解决现实环境问题的能力。

续表

项目	《品德与社会》	《安全教育》	《环境教育》	《传统文化》	整合后的目标
知识	1. 初步了解儿童的基本权利和义务，初步理解个体与群体的互动关系。了解一些社会组织机构和社会规则，初步懂得规则、法律对于社会公共生活的重要意义。 2. 初步了解生产、消费活动与人们生活的关系。知道科学技术对人类生存与发展的重要影响。 3. 了解一些基本的地理知识，理解人与自然、环境的相互依存关系，简单了解当今人类社会共同面临的一些问题。 4. 知道在中国长期形成的民族精神和优良传统。初步知道影响中国发展的重大历史事件。初步了解新中国成立和祖国建设的伟大成就。	1. 知道生命是可贵的，初步认识自己的身体及其发育特点，了解必要的生命健康知识。 2. 知道社会安全类突发事故的范围及危险、危害，了解社会安全类突发事故的防范知识和应对措施。 3. 了解基本公共卫生和饮食卫生常识，知道常见病和传染病的危害和防治措施。 4. 知道网络的用途，学会合理使用网络资源，知道预防和应对网络、信息安全事故的措施。 5. 了解突发自然灾害对生命安全可能造成的威胁，知道躲避自然灾害引发的危险的基本方法。 6. 了解常见的意外伤害事故，知道意外伤害事故发生时的求救和求生的方法。	1. 了解人类面临的环境问题。 2. 分析环境问题对个人、家庭、学校和社区的影响。 3. 结合相关知识初步分析环境问题产生的原因。 4. 了解政策、法律、技术、经济对环境保护的作用。 5. 了解公民参与保护环境的主要途径和方式，并对比其效果。	1. 能够熟练背诵经典古诗文 120 首(篇或段)。 2. 初步了解古代戏曲、对联、谜语等民族文化。 3. 了解传统文化中有代表性的文化名人、文化名胜、重大的科技发明等。 4. 了解绘画、书法、建筑等艺术。	对品德教育、安全教育、环境教育、传统文化基础知识有较为全面的理解。

续表

项目	《品德与社会》	《安全教育》	《环境教育》	《传统文化》	整合后的目标
	5. 知道世界历史发展的一些重要知识和不同文化背景下人们的生活方式、风俗习惯。知道社会生活中不同群体、民族、国家之间和睦相处的重要意义。				
教学建议	1. 全面把握课程目标。 2. 丰富学生的生活经验。 3. 引导学生自主学习。 4. 充实教学内容。 5. 拓展教学空间。	1. 坚持正确的价值导向。 2. 全面实施课程目标。 3. 坚持“贴近学生、贴近生活、贴近实际”的原则。 4. 引导学生自主学习。 5. 努力实施开放式教学。	1. 综合运用多种教学途径和方法。 2. 引导学生从“习以为常”中发现问题。 3. 从“可解决的问题”做起。 4. 创造融洽和相互支持的学习环境。	1. 充分发挥教师的主体作用,尊重学生的主体地位。 2. 重视情感、态度、价值观的正确导向。 3. 注重学生学习方式的多样性。 4. 重视对学生学习兴趣和学习习惯的培养。 5. 体现教学的层次性。 6. 重视对学生的文化熏陶。 7. 培养学生对传统文化初步的鉴别意识。 8. 教师要不断提高自己的文化素养,提高自己的教学能力。 9. 因地制宜,充分利用本地文化资源。 10. 注意处理好本课程与其他课程的关系。	课程目标是一个有机结合的统一体。教师在教学过程中应全面地把握目标,改变过去偏重知识学习,忽略能力和情感、态度、价值观培养的教学观念,通过多种教学活动,帮助学生获得丰富的情感体验、形成积极的生活态度、养成良好的行为习惯、提高适应和参与社会的能力,掌握必备的基础知识,从而整体地实现课程目标。

其中,小学《品德与社会》课程旨在培养学生的良好品德,促进学生的社会性发展,为学生认识社会、参与社会、适应社会,成为具有爱心、责任心、形成良好行为习惯和个性品质的公民奠定基础。

地方课程的目标让学生通过学习掌握自然、社会知识,加强对地域知识的认知,培养良好的学习习惯、个性品质和创新精神。

三、主题课程的总目标

课程目标是一个系统,我们以"课程总目标—年级目标—主题活动目标—课时活动目标"为线逐级制定,形成一个多层级的目标体系。在对上述课程的情感·态度·价值观以及能力、知识三维目标的分析、比较的基础上,结合我校的办学理念,对各科目标进行整合,再对课程的总目标进行重新定位,形成一个多层次的目标体系。

我们确立了主题课程总目标:

1. 指导学生通过基于现实生活的主题式学习研究,增强体质,形成认知。

2. 通过动手操作和实验探究,提高解决问题的能力及探究能力和创新意识,培养会沟通、善合作、巧实践、乐创造等核心素养。

3. 在体验经历中,热爱大自然,增强社会责任感,学会生存、学会做人、学会合作、学会学习。

这样,使原来重叠的目标得以精简、分散的目标相互融合、杂乱的目标变得清晰,既保证了原有课程目标不缺失,又使原来各自表述的目标实现了有机统一。

整合后的课程目标不仅完全涵盖了国家课程标准和各地方教材的课程实施纲要,还体现了整合性、开放性和发展性,在原有的基础上有所拓展和延伸。同时,我们的课程目标是站在学生角度来描述的,具有清晰、具体、可评价的特点。

第二节　主题活动目标

在主题课程总目标的引领下，我们制定了主题活动目标，把整合前内容的目标整理在一起，发现整合前的目标条目多、重复多，而整合后的主题目标简洁、具体，更具指导性。

我们的课程目标是站在学生角度来描述的，具有清晰、具体、可评价的特点。以三年级《关爱生命》第一单元《植物》主题学习目标为例，我们采用“行为主体—行为动词—行为条件—表现程度”的主题活动目标，即学生（行为主体）通过查阅资料、实地考察及采访调查（行为条件），知道（行为动词）小草和树木等植物在改善环境方面的作用，初步（表现程度）学会用不同的标准对植物进行分类。这种表达方式，避免了面面俱到，有利于教师对课标把握得更精准，学生的负担会得到相应的减轻。

三年级《关爱生命》第一单元《植物》主题学习目标框架

单元	整合前			整合后			
	来源	目标	课时	一级主题	二级主题	目标	实施建议
植物	《环境教育》第二单元《珍爱生命》第5课《小草的微笑》	1. 树立尊重生命、关爱生命的意识。 2. 知道小草有净化空气、防止沙尘暴、防止水土流失等方面的作用。 3. 会使用吹风机、温度计等工具探究草坪的作用。	1	走进植物王国	必修主题: 1. 小树不“小”作用大 2. 护绿行动 选修主题: 1. 草坪的作用 2. 护绿宣传行动	1. 树立尊重生命的意识,提高爱护树木、保护环境的能力。 2. 了解小草、树木对保护环境做出的贡献,认识到如果肆意砍伐树木对环境和生活造成的影响。 3. 积极参加植树护林活动,尊重生命,保护环境。	活动准备: 教师准备有关草坪和树林遭到破坏的视频资料。学生收集当地植树造林的情况材料。 活动组织: 组织植树造林、植绿的发布会;组织学生进行调查问卷、采访,制定宣传保护植物倡议书。 展评方式: 举办图片展、开展辩论会、展示宣传倡议方案和倡议书。 安排: 建议活动安排12课时。
	第8课《小树的“哭”声》	1. 认识到肆意砍伐树木对环境的危害及对我们生活的影响,提高学生爱护树木、保护环境的意识。 2. 知道保护树木的方法,认识我们周围常见的树木;知道自然环境为人类提供居住的空间和资源。 3. 积极宣传爱护树木、保护家乡的环保知识,培养学生调查、收集资料的能力。	1				

下面的附表是各年级主题课程活动目标：

三年级主题活动目标框架

领域	整合前			整合后		
	来源	目标	课时	主题	目标	实施建议
关注自我	《品德与社会》上册第三单元《我在生活中长大》第1课《我成长 我快乐》	1. 通过自我展示，了解自己的特点，看到自己的进步，增强自信心。体验学习给自己带来的乐趣，为自己的进步感到高兴。 2. 感受学习有苦也有乐。懂得没有最初的失败，就没有后来的成功。体会到学习的乐趣，并愿意尝试新的学习。	2	我做生活的小主人	1. 通过自我展示等活动，引导学生看到自己两年来的进步，发现优点和长处，为自己感到高兴和自豪。 2. 探讨学习方法，感受学习方法和途径的多样性，增强学习的兴趣和自觉性。 3. 知道学习要不怕困难、善于思考，知道珍惜时间和合理安排时间。在交流学习经验的过程中相互学习，共同进步。 4. 初步感受我们的社会是个学习化社会，终身学习已经成为每个人的一种生活方式。理解社会变化给人们提出的新要求，并从成年人"学而不厌""学习不止"中获得鼓励和动力。	本单元展示的"生活"是一个大概念，不仅有学校内的生活，还包括家庭、社会等各种生活和学习活动，学习内容不仅有知识的，而且有能力和道德品质方面的。由于涉及内容广泛，并且与学生生活实际联系密切，便于教师组织生动活泼的教学探究活动。教材展示内容是比较典型的案例，是对学生探究的引导和教师组织教学的提示，留有广阔的空间。教师可以根据教材提供的思路，依据实际情况进行拓展。同时，案例选取多从积极的角度入手，即便是遇到挫折的案例，也是作为成功过程中的事例。教师在组织教学时，选取的教学内容应有利于学生建立自信心，有利于学生把某一方面的自信迁移到其他方面。 本单元有两个主题构成： 主题一　我成长　我快乐 主题二　做生活的小主人
	第2课《做生活的小主人》	1. 知道学习需要动脑筋，不怕困难，掌握克服困难的方法。愿意努力学习，体会克服困难取得成功的愉悦。 2. 知道学习、做事要抓紧时间，学会合理安排和利用时间，提高学习效率。 3. 初步形成责任意识，知道自己的事情应该自己做，认识到作为家庭、学校、社会的一员还应承担相应的责任。	3			

续表

领域	整合前			整合后		
	来源	目标	课时	主题	目标	实施建议
				我做生活的小主人		学情分析： 本单元的教学对象是三年级的学生，学生入学两年了，总结了不少学习经验，对人对事已有了自己的认识和看法，这为探究如何进一步提高学习能力提供了条件。但学生对社会这个大生活圈涉足有限，经历太少，有些方面的认识还很浅薄，在备课、授课的过程中要贯彻课程标准中规定的不怕挫折、克服困难、珍惜时间、合理安排作息时间等要求。 教学重难点： 组织好多项活动，并对学生的体验和感受进行开掘和梳理，增强学生的学习兴趣和自觉性。本单元的教学难点是帮学生养成良好的学习习惯，并产生“终身学习”意识。

续表

领域	整合前			整合后		
	来源	目标	课时	主题	目标	实施建议
	《品德与社会》下册第一单元《珍爱生命》第1课《美丽的生命》	1. 让学生从小懂得动植物和人一样都是有生命的。 2. 初步学习从不同的角度认识动植物，知道它们有感觉，会交流。 3. 感受动植物生命的美丽。	2	应对陌生人	1. 通过本课题的学习，让学生意识到动植物和人一样都是有生命的，人与自然要和谐相处，感受动植物生命的美丽，激发学生的环境保护意识。 2. 了解生命只有一次，了解成长的不易，知道自己的生命承载了许多亲人的爱和期望，初步了解一些生活中的安全常识。 3. 让学生认识到危险的行为是导致意外受伤的原因，知道一些日常生活中的意外伤害事故的简单处理方法。 4. 能开展实地调查、搜查资料的活动；知道对火用之不当的话容易发生火灾，掌握发生火灾后的自救方法；模拟火灾现场，让学生积累火灾逃生的经验。	活动准备： 1. 要求学生将自己的成长相册带来。 2. 向大家介绍自己出生时的状况。 3. 让学生了解家长对自己有哪些期望。 4. 学生调查家庭、学校生活中的安全隐患，收集校内、校外的安全隐患，调查学校所在地区和生活环境中经常发生的自然灾害。 活动组织： 组织学生进行调查问卷、采访，了解自己成长的不易，探索生长的过程，了解生命是有限的，生命失去了就不会再来。就学生调查的安全隐患进行交流、讨论。 展评方式： 举办图片展、开展辩论会、展示宣传倡议方案和倡议书。
	第2课《我们的生命》	1. 通过探寻自己的生命历程，了解成长的不易，知道自己的生命承载了许多亲人的爱和期望。 2. 了解生命是有限的，生命失去了就不会再来，应该珍惜生命。	2			
	第3课《安全的生活》	1. 通过对实际生活的观察，知道在家庭生活中存在着安全隐患，活动中会有危险，要有安全意识。 2. 初步知道一些有关安全用电、防煤气中毒、防火、防溺水、防摔伤、防动物抓咬等小常识，掌握一些避免伤害的方法。 3. 初步知道一些与人打交道的一些原则，形成社会中自我保护的意识。	2			

续表

领域	整合前			整合后		
	来源	目标	课时	主题	目标	实施建议
	《安全教育》第4课《防止校园中的人为伤害》	1. 通过学习让学生认识到危险的行为是导致意外受伤的原因。 2. 初步培养学生的判断能力和分析能力。	1			
	第5课《避免校外游戏中的意外伤害》	1. 知道一些日常生活中的意外伤害事故的简单处理方法。 2. 让学生知道在日常生活中应注意保护自己的身体健康。	1			
	第8课《小心火灾》	1. 了解火灾的状态、特点，掌握火灾中逃生的方法。 2. 学生通过多媒体的演示，了解火灾的残酷、危急；亲历探究正确逃生方法的过程；采用模拟火灾现场，让学生积累火灾逃生的经验。	1			
	第9课《大自然发脾气时怎么办》	1. 了解自然灾害的种类。 2. 初步了解自然灾害的危害，掌握避免高温、浓雾等灾害伤害的简单办法。 3. 引导学生懂得珍爱生命，形成对自己的生命安全负责的态度，学会自我保护的知识和方法。	1			

续表

领域	整合前			整合后		
	来源	目标	课时	主题	目标	实施建议
	《品德与社会》下册第三单元《出行的学问》第1课《学看平面图》	能看懂简单的平面图,认识平面图中的方向及图例,能在平面图中找出某一地点的位置。	1	出行的学问	1. 了解上学和放学路上的安全常识,提升学生的行路安全意识,知道一些怎样过马路的观察方法,实现学生能自主行路的目标。 2. 了解常见的道路安全标志的符号特点,知道各种道路安全符号的含义,养成遵守道路交通规则的好习惯。 3. 提高学生自我防范、自我保护意识,让学生学会一些安全常识、学会一些防范技巧,增强遇到意外时的自卫能力。 4. 知道一些常规的卫生安全知识,学会选择健康文明的生活方式,学习识别食品安全的知识和方法,学会安全饮食。 5. 了解当地常见的自然灾害,学会冷静应对自然灾害事件,加强应对突发自然灾害的应急训练,提高在自然灾害事件中自我保护能力和掌握求助及逃生的基本技能。 6. 了解和积极预防在校园活动中可能发生的公共安全事故,提高自我保护能力和掌握求助及逃生的基本技能。 7. 在日常教育活动中,随时针对一切突发事件向学生进行相应的安全教育。同时强调学生不要做危险性游戏,课间休息注意避免运动受伤,在运动和游戏时,教育学生注意规则,按顺序进行,避免撞伤。	1. 课前充分了解学生,认真备课,改革课堂的教学形式,注重内容的创新,提高学生学习兴趣。 2. 加强理论与实践相结合,平时多带学生到生活中体验,提高学生自主学习的兴趣。 3. 面向全体学生,通过普遍开展教育活动,使学生对安全教育有深刻认识。 4. 根据学生的心理发展特点和身心发展规律,有针对性的对学生实施教育。 5. 关注个别差异,根据不同学生的不同需要开展多种形式的教育和辅导。 6. 利用家长学校、个别谈心、父母问卷、家访等形式,了解学生在家中的生活学习情况,家庭与学校共同对学生实施安全教育。
	第2课《校外探路》	1. 观察、熟悉学校周边环境,帮助学生从实际生活中获得相关体验。 2. 正确辨认方向,了解路线图的作用,能用简单的图形画出学校周边的路线图。	1			
	第3课《寻路和行路》	1. 尝试利用交通图选择简单的出行路线,学会看站牌、路牌,以及寻路、问路的一般方法。 2. 了解本地的主要交通工具,周边的交通线路和起始站、部分途经地、终点站的名称。学会根据自己的需要选择合适的交通工具。 3. 知道乘车时要注意的安全和礼貌。 4. 知道问路的基本礼貌和要注意的事项。	2			

续表

领域	整合前			整合后		
	来源	目标	课时	主题	目标	实施建议
	《品德与社会》下册第三单元《出行的学问》第4课《马路不是游戏场》	1. 观察本地交通秩序现状,知道有关的交通规则和常识。 2. 培养学生自觉遵守交通法规及注意安全的现代交通意识。 3. 使学生初步具有归纳能力和调查、访问获取信息的能力。	1	安全伴我行	1. 学会收集和筛选资料,确立研究的主题,运用调查、采访、探究、归纳等方式分析问题产生的原因,分析、思考如何改变现状。 2. 在活动中学会观察本地的交通现状,调查交流、分析研究交通事故的事例及原因,初步懂得交通法则对于社会公共生活的重要意义,了解有关交通的常识。 3. 通过开展各项活动,引导学生初步具有归纳能力和调查、访问及获取信息的能力。	教学措施: 1. 课前充分了解学生,组织学生充分开展调查,了解身边的交通状况。 2. 加强理论与实践相结合,平时多带学生到生活中体验,提高学生自主学习的兴趣。 3. 面向全体学生,通过普遍开展交通安全教育活动,使学生对交通安全有深刻的认识。 4. 利用“致家长一封信”等方式,邀请家长与学校一起开展教育活动,确保活动实效。
	《安全教育》第1课《上学路上保安全》	1. 情感、态度、价值观目标:能积极主动地参与活动,初步形成自我保护意识和安全意识,珍爱生命。 2. 能力目标:能够通过多种途径收集与主题相关的资料;在调查、访问过程中学会与人交往,尝试记录信息,并在体验活动中把信息转化为行动和经验;能够针对上学路上的问题进行深入分析,培养发现问题和解决问题的能力。				

续表

领域	整合前			整合后		
	来源	目标	课时	主题	目标	实施建议
		3. 知识目标： 了解上学路上的安全隐患，识记常见的交通标志和安全警示标志；了解交通安全常识，掌握与自己生活有关的交通规则；学会基本的防范技能。	1			
	《安全教育》第2课《安全标志要记牢》	1. 认知目标： (1)能明白上学时应该注意哪些方面，树立自立、自卫的安全保护意识。 (2)初步认识最基本的交通标志和交通设施，了解与自己生活有关的交通安全常识。 2. 行为目标： 培养自立、自卫的安全保护意识。遵守交通规则，行人要走人行道，没有人行道的地方靠边走，穿行马路要走人行横道，不在马路上追跑打闹，在铁路道口注意来往车辆，不抢行。 3. 能力目标：	1			

续表

领域	整合前			整合后		
	来源	目标	课时	主题	目标	实施建议
		培养学生的合作意识以及观察、动脑、动手和生活实践能力。				
	《安全教育》第3课《卫生安全我做主》	1. 知道小学生要做个爱清洁、讲卫生的好孩子。 2. 初步学会正确使用手帕,口袋里不放脏东西。 3. 初步养成衣着整洁、天天洗脸、早晚刷牙、饭前便后洗手、不随地吐痰、不含手指头的卫生习惯。	1			
	第6课《安安全全去游玩》	1. 了解各种公共场所的安全规则,并养成遵守各项规则的习惯。 2. 初步具备使用电梯、索道、游乐设施等特种设备的安全意识。 3. 强化安全意识,让学生认识到遵守安全规则的重要性,了解并遵守各种公共场所活动的安全要求。	1			
	第7课《我们的援助电话》	1. 在遇到困难时会拨打援助电话来寻求帮助。 2. 了解拨打援助电话时应该注意的事项。	1			

续表

领域	整合前			整合后		
	来源	目标	课时	主题	目标	实施建议
	《品德与社会》上册第四单元《我和规则交朋友》第1课《规则在哪里》	主要让学生在生活中去发现一些规则，知道生活中处处有规则，了解与小学生相关的一些规则。	1	学校规则伴我行	1. 感受集体的温暖，从集体和公益活动中感受到快乐，愿意热心于集体和公益活动。 2. 知道对于自己承担的事情要认真负责地完成，知道自己是集体中的一员，要承担一定的责任和义务。	教学重难点： 教学重点是让学生知道自己在集体中承担着一定的责任和义务，对于自己承担的事情要认真负责地完成。教学难点是让学生在集体和公益活动中，主动承担责任和义务，并从中感受到快乐。针对学生的实际情况，要想突破重难点，教师在教学中，可通过创设“家务事怎样做”等集体生活情境，激发学生的生活体验，引导他们展开讨论，进而有所感悟。通过游戏，体验合作的力量，引发学生思考：在集体生活中需要大家齐心协力、共同努力。
	第2课《规则有什么用》	让学生体验规则在社会生活中的重要性，了解学校的相关规则，并能对这些规则的意义和作用进行评论。	1			
	第3课《我们给自己定规则》	让学生初步尝试自己制定规则，体会规则是大家制定的，大家定的规则要大家共同来遵守，遵守规则要靠自觉。	2			

续表

领域	整合前			整合后		
	来源	目标	课时	主题	目标	实施建议
我与自然	《环境教育》第二单元《珍爱生命》第5课《小草的微笑》	1. 树立尊重生命、关爱生命的意识。 2. 知道小草有净化空气、防止沙尘暴、防止水土流失等方面的作用。 3. 会使用吹风机、温度计等工具探究草坪的作用。	1	走进植物王国	1. 以学生为行为主体，树立尊重生命的意识。 2. 通过查阅资料，让学生掌握小草、树木对保护环境做出的贡献，认识到肆意砍伐树木对环境的危害及对我们生活的影响，提高学生爱护树木、保护环境的意识。 3. 通过调查采访、查找资料、小组合作、整理资料等形式掌握保护植物的方法，认识周围常见的植物，办一期图片展览赛。	活动准备： 教师准备有关草坪和树林遭到破坏的视频。学生收集当地植树造林的情况材料。 活动组织： 组织当地植树造林、植绿的发布会；组织学生进行调查问卷、采访，制定宣传保护植物倡议书。 展评方式： 举办图片展、开展辩论会、展示宣传倡议方案和倡议书。 安排： 建议活动安排12课时。
	第8课《小树的"哭"声》	1. 认识到肆意砍伐树木对环境的危害及对我们生活的影响，提高学生爱护树木、保护环境的意识。 2. 知道保护树木的方法，认识我们周围常见的树木；知道自然环境为人类提供居住的空间和资源。 3. 积极宣传爱护树木、保护家乡的环保知识，培养学生调查、收集资料的能力。	1			

续表

领域	整合前			整合后		
	来源	目标	课时	主题	目标	实施建议
	《环境教育》第二单元《珍爱生命》第6课《帮蚯蚓回家》	1. 树立起关爱生命、尊重自然的意识；具有尊重其他生物生存权利的意识；初步树立人与动物和谐相处的伦理观。 2. 知道蚯蚓的生活环境，了解蚯蚓的生活习性。 3. 能通过观察、实验探究蚯蚓的生活环境。	1	和动物交朋友	1. 通过课题的学习，让学生意识到人与自然要和谐相处，激发学生的环境保护意识；珍视生物多样性，尊重一切生命及其生存环境。 2. 树立起关爱生命、尊重自然的意识；具有尊重其他生物生存权利的意识；初步树立人与动物和谐相处的伦理观。 3. 通过观察、实验探究了解蚯蚓、鸟类的生活习性，能自己保护各种生物，并做宣传，办一期手抄报。 4. 能开展实地调查、搜查资料的活动；会收集信息，并对信息进行整理、分析。 5. 知道生产、生活污水对环境造成的危害，做到不随便排放生活污水；了解池塘内生物间的食物网，做简单的连环画。	活动准备： 教师准备蚯蚓、鸟类、大树、池塘的相关图片、文字、视频等资料，做好PPT课件，课前要求学生自己回家查找相关的资料。 活动组织： 分组研究蚯蚓与小鸟，然后举行交流展示，充分调动学生的积极性，同时发展学生自主探索、语言表达等各方面的能力。 组织学生进行调查问卷、采访，了解池塘群落生物间的相互联系，意识到人与自然要和谐相处，激发学生热爱自然、动物的情感，制定宣传保护动物倡议书。 展评方式： 举办图片展、开展辩论会、展示宣传倡议方案和倡议书。
	第7课《笼中的小鸟》	1. 培养爱护鸟类、保护生态环境的意识；具有尊重其他生物生存权利的意识；初步树立人与动物和谐相处的伦理观。 2. 了解人类捕捉小鸟的原因，知道人类捕捉小鸟对环境的影响。 3. 能通过生活中的具体事例，分析人类捕捉小鸟的原因；能够自觉保护鸟类，并能做好宣传，带动其他人自觉保护小鸟。	1			

续表

领域	整合前			整合后		
	来源	目标	课时	主题	目标	实施建议
	第9课《树是谁的家》	1. 意识到人和动物要和谐相处，增强保护动物的意识，激发学生热爱自然、动物的情感；珍视生物多样性，尊重一切生命及其生存环境。 2. 知道生物之间的食物网，了解生物之间的关系。 3. 能开展实地调查、搜查资料的活动；会收集信息，并对信息进行整理、分析。	1			
	第10课《池塘是谁的家》	1. 感受池塘群落生物间的互相联系，意识到人与自然要和谐相处，激发学生的环境保护意识；珍视生物多样性，尊重一切生命及其生存环境。 2. 知道生产、生活污水对环境造成的危害，做到不随便排放生活污水；了解池塘内生物间的食物网。 3. 能通过实地调查、收集资料等方式，了解池塘内的生态情况。	1			

续表

领域	整合前			整合后		
	来源	目标	课时	主题	目标	实施建议
我与社会	《品德与社会》下册第二单元《关心你爱护他》第1课《让爷爷奶奶高兴》	1. 对老年人产生敬意，尊重老年人。 2. 了解老年人的心理特点及爱好习惯，理解老年人的情感需求，并能够尽自己所能为老年人做一些事情。 3. 了解爷爷奶奶过去及现在为家庭与社会做出的贡献；了解一些尊老敬老的政策及设施。	2	感恩与我同行	1. 通过换位体验、表演创境、资料收集、生活体验等活动，体会残疾人在生活中的不便和困难，懂得怎样去关心和帮助残疾人。体会人与人之间相互关爱的情感。 2. 掌握一些正确处理邻里之间关系的方法与技巧，体会到邻里和睦相处的重要性以及为他人着想的快乐。 3. 引导学生关注社会，懂得宽容理解，感受大家互帮互助的快乐，培养社会责任感。 4. 了解社会是由大家组成的，社会上的事要由大家来做。	活动准备： 教师准备有关残疾人生活的视频资料。学生收集爷爷奶奶过去和现在为家庭、社会做出贡献的相关资料。 活动组织： 组织学生体验残疾人的生活；组织学生调查身边需要帮助的残疾人。通过问卷、采访等方式了解到邻里之间、社会大家庭之间为他人、为社会提供的服务与帮助。 展评方式： 开展辩论会、展示宣传倡议方案和倡议书。 安排： 建议活动安排4课时。
	第2课《伸出爱的手》	1. 使学生了解到残疾人的生活，体验感受他们生活的不便。 2. 让学生学习残疾人身残志坚、自强不息的精神，并产生敬佩之情。 3. 引导学生关注社会，心中有他人，培养社会责任感。	1			

续表

领域	整合前			整合后		
	来源	目标	课时	主题	目标	实施建议
	第 3 课《我的邻里乡亲》	1. 了解邻里之间的关系。学会与邻里之间友好相处,能为维护家庭的周边环境做些力所能及的事。 2. 知道宽容、理解是邻里关系能够和睦的主要原则。 3. 懂得与邻居友好相处,并愿意与邻居和睦相处,感受邻里互相帮助的快乐。	2			
	第 4 课《大家的事情大家做》	1. 了解社会是由大家组成的,社会上的事要由大家来做。 2. 知道大家共同努力做事就容易,产生为他人服务的愿望。 3. 了解社会上有很多人,他们自己愿意为他人和社会提供服务与帮助。	2			

续表

领域	整合前			整合后		
	来源	目标	课时	主题	目标	实施建议
	《环境教育》第三单元《简朴生活》第11课《一件衣服穿多久》	1. 知道人对环境的依赖，反思个人生活对环境的影响；意识到公民在保护环境中的义务；理解厉行节约是保护环境的重要举措，崇尚自然简朴的生活。 2. 分析浪费资源对个人、家庭、学校和社区的影响；了解公民参与保护环境的主要途径和方式。 3. 识别浪费资源等行为会造成环境破坏的现象。	1	我做低碳小达人	1. 通过调查、访问，围绕浪费资源导致环境破坏问题表达自己的观点，并能够与他人进行有效沟通与合作探究。 2. 积极参加“低碳生活”实践活动，增强对低碳生活的认识，培育初步分析、解决环境问题的能力。 3. 能够辩证地认识日常生活方式对环境的影响；能正确理解资源浪费对环境的影响。 4. 正确理解经济发展需要合理利用水资源，并与生态环境相协调；提出节约用水的途径和方法。 5. 批评性思考全球能源缺乏涉及的环境问题；反思用电过程中的浪费行为，并分析、对比各种解决途径和方法。 6. 能够自觉避免过度包装引起的环境污染问题，并能够对过度包装问题提出个人见解。 7. 成为遏制浪费的小小志愿者。	活动准备： 教师准备有关低碳生活的视频资料，包括方式方法、利与弊等。学生收集低碳生活的方法和小窍门等，准备进行“低碳小窍门”的竞答比赛。 实践活动： 开展“低碳生活家庭行”“低碳生活校园行”“低碳生活社会行”等系列的活动，让学生寻找除了课题上所讲的低碳生活方式外，我们还可以在哪些方面实施低碳生活，宣传低碳生活，做“低碳小达人”，成为“低碳志愿者”。 展示活动： 组织开展有关“低碳生活”的作文比赛、绘画比赛、手抄报比赛等活动，丰富学生调查、学习的灵活性和主动性。 延伸活动： 开展“我是低碳宣讲员”活动，让低碳小达人们走进社区宣传低碳生活，让活动从校园向家庭、向社区延伸，使人人都有进行“低碳生活”的理念和行动。 安排： 建议活动安排7课时。
	第12课《铅笔的对话》	1. 知道人对环境的依赖，反思个人生活对周围环境的影响；意识到在生活中要自觉避免浪费，做到厉行节约，并能通过自己的行为影响他人。 2. 理解我们的生活、学习用品直接或间接来源于自然，知道浪费会对环境造成污染，崇尚自然简朴的生活。 3. 围绕铅笔引发的环境问题来表达自己的观点，并能够与他人进行有效沟通。	1			

续表

领域	整合前			整合后		
	来源	目标	课时	主题	目标	实施建议
	第 13 课《餐桌上的剩菜》	1. 意识到在生活中要自觉避免浪费,做到厉行节约;关注饮食习惯中的环境问题,积极参与环境教育的宣传活动,做一个有社会责任心的公民。 2. 了解有关饮食方面的环境问题;知道浪费食品会对环境造成污染。	1			
	第 14 课《水龙头别“流泪”》	1. 认识人对水的依赖,反思个人生活对水资源的影响;养成节约用水的习惯,积极进行节约用水的宣传活动,做一个有社会责任感的公民。 2. 知道浪费水资源会对环境造成破坏;了解人类面临的全球性缺水问题,分析淡水缺乏问题对个人、家庭、学校和社区的影响。	1			

续表

领域	整合前			整合后		
	来源	目标	课时	主题	目标	实施建议
	第15课《一度电的用途》	1. 意识到公民在保护环境中的权利和义务，能够自觉养成节约用电的习惯，并积极参与节约用电的宣传活动，做一个有社会责任感的公民。 2. 知道要合理利用能源，并与生态环境相协调；知道浪费电能会加剧对环境的破坏，要节约用电。	1			
	第16课《话说包装》	1. 反对过度包装，倡导绿色包装；崇尚简朴生活，做一个有社会责任感的公民。 2. 知道包装的作用；知道过度包装会给消费者增加经济负担，会对资源造成浪费，对环境造成污染。	1			
	《绿色志愿者：我身边的浪费现象》	1. 通过调查访问，寻找身边的浪费现象。 2. 寻找浪费的根源和制止浪费的方法。	1			

续表

领域	整合前			整合后		
	来源	目标	课时	主题	目标	实施建议
我与家乡	《品德与社会》下册第四单元《一方水土养一方人》第1课《我的家乡在哪里》	1. 会看中国地图，认识方向、图例、比例尺。 2. 借助地图了解家乡的地理位置，知道家乡是祖国的一部分。 3. 比较家乡与其他地区地形的异同，初步了解我国的地形，了解家乡的自然环境。	3	美丽家乡任我游	1. 围绕研究主题和内容，运用调查了解、实地考察等方法收集资料，掌握初步的分析问题、解决问题的方法。 2. 正确辨认地图上的简单图例、方向、比例尺，学会运用地图了解家乡的位置，初步形成地理的观点和思考方式。 3. 通过收集资料、调查采访、实地参观等方式了解家乡的风景名胜、文物古迹、风土人情，了解为家乡建设做出贡献的人物，探究家乡的自然环境与人们生活的关系，感受家乡的变化和发展，激发对家乡的热爱之情，唤起对家乡的自豪感和责任感。	1. 引导学生通过资料收集、调查访问等多种途径了解家乡美景、家乡风情、家乡名人。 2. 有条件的学校可以组织学生集体游览家乡美景，或者倡导家长带领孩子利用假期游览家乡景点。 3. 每次实践活动前注意进行方法指导，活动过程中注意交流分享，活动结束后组织成果交流汇报。
	第2课《家乡的美景家乡的人》	1. 通过了解家乡的风景名胜、文物古迹及家乡名人，认识家乡的自然环境、文化、历史的发展，进一步加深对家乡的了解和认识，激发对家乡的热爱之情，并唤起对家乡的自豪感。 2. 通过调查活动，学会一些调查了解、实地考察等探究和解决问题的方法。了解为家乡建设做出贡献的人物，报以感激、敬佩之情。	2			

续表

领域	整合前			整合后		
	来源	目标	课时	主题	目标	实施建议
	第3课《浓浓的乡土情》	了解家乡的居住、饮食习俗等，认识家乡具体的特色地域文化，感受家乡的可爱，激发热爱家乡之情。	3			
	《环境教育》第一单元《美丽的家乡》第1课《自然美景看不够》	了解家乡自然风光，激发学生对家乡的热爱之情。	1			
	第2课《齐鲁风情》	作为山东的一员，了解家乡的风土人情、地域文化，感受家乡的可爱。	1			
	第4课《我的家乡》	通过了解家乡的风景名胜、文物古迹及家乡名人，认识家乡的自然环境、文化、历史的发展，进一步加深对家乡的了解和认识，激发对家乡的热爱之情，并唤起对家乡的自豪感。	1			

四年级主题活动目标框架

领域	整合前			整合后		
	来源	目标	课时	主题	目标	实施建议
关关注自我	《品德与社会》下册第二单元《让诚信永相伴》第1课《请你相信我》	1. 知道诚实守信的基本含义。 2. 懂得诚实守信是中华民族的传统美德，做人要诚实守信。 3. 懂得现代社会更需要诚实守信。愿意做诚实守信的人，鄙视虚假和不守信的行为。	2	诚信伴我行	1. 知道诚实守信是中华民族的传统美德，感受诚信是每个人立足于社会的根本。知道诚实守信的基本含义。 2. 知道讲诚信就是说话真实、待人真诚、说到做到。知道诚信对自己、对他人、对社会的重要意义。把握诚信的基本内涵，认识到诚信的基本要求是“对人守信，对事负责”。 3. 培养学生在为人处世上说实诚话、做诚实事，提高其参与社会生活的能力；培养学生明辨是非的能力。引导学生践行守信、诚实做人。对不诚不信的行为表现出不满和愤怒，对自己的失信感到内疚和自责。愿意做一个诚实守信的人，愿意为建造诚信社会尽力。	活动准备： 教师准备有关讲究诚信和不讲诚信事例的视频资料。 学生准备： 1. 分组调查、了解当前社会生活中的诚信情况，了解各种造假、贩假行为给社会造成的危害。 2. 通过电视、广播、互联网、报刊等媒体进行调查。 3. 收集诚信小故事、诚信名言、诚信成语。 4. 划分活动小组，制订活动方案。 活动组织： 组织学生进行“海尔砸还是不砸残次冰箱”的辩论会；组织学生进行调查问卷、采访，制定宣传倡议书。 展评方式： 举办图片展、开展辩论会、展示宣传倡议方案和倡议书。 安排： 建议活动安排5课时。
	第2课《诚信是金》	1. 通过学生对本课的探讨研究性学习，逐渐养成学生在学习生活中说话、办事能实事求是的正确态度，使学生把诚信作为自己的立身之本，为人诚实，言而有信，从而使自身道德得到升华。 2. 了解诚信的含义及“一诺千金”的内涵，懂得怎样做才是对人守信，对事负责。 3. 培养学生主动参与、乐于探索、善于合作的精神，及阅读、分析、理解、归纳问题的能力和理论联系实际的能力。	2			

续表

领域	整合前			整合后		
	来源	目标	课时	主题	目标	实施建议
	第 3 课《社会呼唤诚信》	1. 了解社会生活中的各种承诺形式,感知社会主体对诚信的期待。 2. 知道在社会的监督与制约下,诚信品牌毁之容易建之难,我们应该每时每事以诚为本。 3. 关注社会诚信问题,愿意为打造诚信社会出一份力,也做一个呼唤诚信的社会人。	2			
我与自然	《环境教育》第一单元《习俗与文明》第 1 课《给动物让路》、第 2 课《“煮鸡蛋”的思考》	1. 使学生懂得动物为什么要穿越公路。 2. 知道人们保护动物的有关习俗。 3. 了解有关部门为保护动物而采取的积极行动。 4. 懂得如何保护动物。 5. 增强学生保护动物的意识。	1	探索节能小窍门	1. 说出相关民族习俗与我们生活间的重要关系。通过查阅资料、调查了解等形式,收集相关民族习俗新闻、图片等,开展一期习俗与文明的新闻发布会。 2. 认清文明的习俗对我们生活的重要作用和意义,通过观看视频、查找资料等形式,深刻领会文明的习俗给我们的生活带来的益处。 3. 通过调查采访、查找资料、小组合作整理资料等方式交流其他习俗中的文明情况。 4. 学生通过发放调查问卷、采访等形式,了解人们在日常生活中对文明习俗的了解,并制订文明习俗宣传方案,发出倡议书。	活动准备: 教师准备有关人类与动物和谐相处、自然生态平衡的视频。学生收集人类虐待、屠杀动物的新闻图片及其他民族习俗与我们生活间的重要关系的资料。 活动组织: 组织新闻发布会,交流人类虐待、屠杀动物的新闻;组织学生进行调查问卷、采访,制订保护动物、保护生态平衡的宣传方案。 展评方式: 举办图片展、开展新闻发布会、展示宣传倡议方案和倡议书。 安排: 建议活动安排 5 课时。

续表

领域	整合前			整合后		
	来源	目标	课时	主题	目标	实施建议
	第 3 课《“游动”的蒙古包》	1. 帮助学生树立节约的意识。 2. 启发并引导学生在生活中积极采取节约的方法，从我做起，从身边的小事做起。 3. 转化思想、培养品质。	1			
	第 4 课《一次婚礼》	1. 认识和理解游牧民族的生活方式。 2. 引导学生阅读典型案例，调查当地的环境问题，分析环境问题产生的原因，培养学生独立学习的能力。 3. 深刻剖析环境问题产生的原因，揭示环境问题产生的根源，帮助学生正确认识人口、资源、发展和环境间的辩证关系，树立科学的、正确的人口观、资源观、环境观、价值观，养成良好的环境保护意识。	1			
	第 5 课《我的环境我爱护》	1. 通过调查一次婚礼给我们的生活环境带来的危害的一些数据，让孩子们认识到奢华的婚礼对环境的危害。 2. 通过调查、收集数据等实践活动，提高孩子们的社会实践能力。 3. 通过这节课的学习对孩子们进行环保意识的思想教育，争做一名环保小卫士。	1			

续表

领域	整合前			整合后		
	来源	目标	课时	主题	目标	实施建议
	《环境教育》第二单元《循环利用》第1课《一张纸的“旅行”》	1. 使学生懂得在环境保护方面我国与日本的巨大差别。 2. 列举身边不文明的现象，懂得环境保护的紧迫性和必要性。 3. 知道环境保护重在行动。 4. 增强学生的环境保护意识，懂得自觉保护环境。	1	给垃圾找家	1. 说出循环利用体现在我们生活中的各个方面。通过查阅资料、调查了解等形式，收集循环利用的事例、图片，举办一期科普展。 2. 认识循环利用在我们生活中的重要作用和意义，通过观看视频、查找资料等形式，深刻领会到自然界中的各种资源离不开循环利用，要保护好自然资源，进行资源循环利用，举行“科技在我身边”的科普展。 3. 通过调查采访、查找资料、小组合作整理资料等形式收集各种循环利用的资料，设计一期手抄报。 4. 学生通过发放调查问卷、采访等形式，了解人们在日常生活中对循环利用资源的认识，并制订保护社会资源人人有责的宣传方案，发出倡议书。	活动准备： 教师准备有关水、纸张、一次性用品的再生过程视频资料以及垃圾分类原则、重要性等相关图文资料。学生收集其他可以再生利用的社会资源等相关资料，准备有关制作循环再生的社会资源手抄报的材料。 活动组织： 组织“科技在我身边”科普展览活动；组织学生进行调查问卷、采访，制定宣传倡议书。 展评方式： 举办图片展、开展辩论会、展示宣传倡议方案和倡议书。 安排： 建议活动安排6课时。
	第2课《污水变清》	1. 帮助学生树立节约的意识，不浪费纸张。 2. 了解一张纸的来历。 3. 引导学生勤俭节约，从我做起，从身边小事做起。 4. 转化思想、培养品质。	1			
	第3课《身边的一次性用品》	1. 水污染主要是人类活动造成的。 2. 污水需经过复杂的处理才能使用。 3. 增强保护水资源的意识和责任感。	1			
	第4课《给垃圾找“家”》	1. 培养学生的环保意识，认识到使用一次性用品对环境的危害。 2. 帮助孩子提高保护生态、美化环境必须从我做起的自觉性。	1			

续表

领域	整合前			整合后		
	来源	目标	课时	主题	目标	实施建议
	《环境教育》第三单元《生活与环境》第1课《小区的环境》	1. 认识校园垃圾也是一种社会资源，初步建立服务社会的意识和对社会负责的态度。 2. 关注校园日常生活及周围环境中的问题，激发学生探究问题的热情。 3. 思考校园内存在的垃圾管理问题，找到减少校园垃圾的有效办法。 4. 学会与他人合作，培养学生的责任感、组织和策划能力。	1	做环保小卫士	1. 介绍自己所在小区的生活环境和服务设施，并介绍自己小区的环境保护情况，查找自己小区的不文明行为。 2. 认识小区环境卫生对我们生活的重要性，通过录像视频等资料展示现代小区中存在的不卫生状况。 3. 学生通过发放调查问卷、采访等形式，了解人们在日常生活中对小区环境的认识，并制订保护小区环境卫生人人有责的宣传方案，发出倡议书，让保护小区卫生环境成为每个人的自觉行为。	活动准备： 教师准备有关吐痰的危害及现代家装材料危害成分的视频资料。学生收集小区野广告给我们的小区带来社区污染的图片。 活动组织： 变废为宝，组织学生进行一次科技小制作，利用废旧物品进行再创造；组织学生给本小区设计小区环保标语和标志牌；组织学生进行调查问卷、采访，制定宣传倡议书。 展评方式： 举办手抄报展、开展科技小制作成果、展示宣传倡议方案和倡议书。 安排： 建议活动安排9课时。
	第2课《城市"牛皮癣"》	1. 了解自己所在小区的生活环境和服务设施。 2. 喜欢自己生活的小区，爱护小区设施。 3. 感受丰富多彩的小区生活环境。	1			
	第3课《一口痰的危害》	1. 教育孩子们提高环保意识，认真思考解决问题的途径，积极行动起来改善周边的环境。 2. 帮助孩子们认识到人不应凌驾于自然之上，自然在时间、空间上与人类享有相同的权利。 3. 善待地球越早、越快、越多、越实际越好，希望更多的人都能够关心环境、保护环境。	1			

续表

领域	整合前			整合后		
	来源	目标	课时	主题	目标	实施建议
	第4课《我们吸进了什么》	1. 让学生认识到随地吐痰的危害，懂得不能随地吐痰的原因。 2. 使学生知道在不同情况下需要吐痰时应怎样做，教育他们养成不随地吐痰的好习惯。 3. 让学生初步知道吐痰这件个人小事与公共卫生、道德水平之间的关系。	1			
	第5课《把废品变成艺术品》	1. 通过各种途径，了解空气的相关知识；知道人类离不开氧气，更离不开空气；了解空气污染的情况和危害，懂得如何有效地避免空气污染。 2. 通过实践活动，培养学生观察、分析、归纳、概括的能力，感悟探究的方法。 3. 培养学生认真细致、勤于思考、敢于探究的科学研究精神，激发学生探究自然的兴趣，增强学生的环保意识、合作意识。	1			

续表

领域	整合前			整合后		
	来源	目标	课时	主题	目标	实施建议
	第6课《布置我的房间》	1. 学生能够认识到用废旧物品制成的雕塑的特殊艺术魅力和文化含义,并发表自己的看法。 2. 学会运用各种废旧材料进行重新组合,运用装饰等手法塑造立体造型。 3. 能发现和欣赏用废旧物品造型的特殊艺术魅力和文化含义,提高环保意识,体验创作的艰辛。 4. 能从生活中发现各种废旧材料的形状与材质特征,能充分利用废旧材料和多种立体造型的手法,创作一件有个性的艺术品。	1			
	第7课《做个环保提示牌》	1. 掌握材料的分类以及家庭装修材料的种类。 2. 知道家居污染的危害。 3. 了解预防家具污染的一般途径。	1			
	《绿色志愿者:家乡的小河》	1. 欣赏大自然中的花草树木,体会亲近大自然的乐趣。 2. 通过制作环保提示牌,培养学生热爱大自然、珍爱生命的情感,提高学生们的环保意识,美化我们的生活环境。	1			

续表

领域	整合前			整合后		
	来源	目标	课时	主题	目标	实施建议
	《童眼看法规：生命之源的保护》	调查家乡水资源，了解相关环境保护法。	2			
我与社会	《品德与社会》下册第三单元《我们的民主生活》第1课《班队干部大家选》	知道学生干部应通过选举产生，了解民主选举的一般程序。	1	寻找社会生活中的民主	1. 知道学生干部应通过选举产生，了解民主选举的一般程序。 2. 知道人人都有选举权，选举中做到公平、公正。 3. 懂得当干部只有为大家服务的责任，没有非凡权利。 4. 了解社会生活中民主对话的基本形式。 5. 体验民主对话的情景和氛围。	活动一　我们心目中的班干部 1. 我喜欢的小干部。 2. 模拟活动：假如我当班干部。 活动二　怎样选干部 1. 谁来选干部？ 2. 怎样行使自己的选举权和被选举权？ 活动三　当干部是为了什么 1. 调查一些同学对当上干部的想法和做法。 2. 调查汇报：我了解到的一些干部同学的想法和做法。 3. 讨论交流：我对这些想法和做法的看法。分析每种想法或做法是否对集体、对大家有利。 4. 班级总结：当干部是为什么？干部该怎样履行好自己的职责？
	第2课《集体事情大家定》	知道人人都有选举权，选举中做到公平、公正。	1			
	第3课《做一个积极的参与者》	懂得当干部只有为大家服务的责任，没有非凡权利。	1			
	第4课《社会生活中的民主》	1. 了解社会生活中民主对话的基本形式。 2. 体验民主对话的情景和氛围。	1			

续表

领域	整合前			整合后		
	来源	目标	课时	主题	目标	实施建议
	《品德与社会》上册第二单元《消费与生活》第1课《家庭小账本》	通过了解家里的钱是从哪里来的，知道家庭经济来源有多种形式，体会父母挣钱的不容易。	1	消费学问大	1. 知识与技能：学生能够了解在生活中，每个人可能会有各种各样的需求；了解花钱应该有计划，不向父母提不合理的要求。 2. 过程与方法：学生能够观察和发现商品价格的差别和变化；了解有关商品的常识，会看说明书；能根据信息识别商品的真伪。 3. 情感态度与价值观：学生通过了解家里的钱是从哪里来的，知道家庭经济来源有多种形式，体会父母挣钱的不容易。	活动准备： 教师准备有关不同购物场所的视频资料。学生收集家庭经济来源的情况，准备花钱计划的讨论材料。 活动组织： 组织该如何进行最经济的购物和零用钱该如何用的辩论会；组织学生进行调查问卷、采访，制定节约每一分钱倡议书。 展评方式： 举办图片展、开展辩论会、展示宣传倡议方案和倡议书。 安排： 建议活动安排12课时。
	第2课《合理的消费》	知道在生活中每个人可能会有各种各样的需求；了解花钱应该有计划，不向父母提不合理的要求。	1			
	第3课《购物场所我知道》	了解不同的购物场所及特点；会根据需要选择适宜的购物场所；了解新颖的购物方式和支付方式。	1			
	第4课《做个聪明的消费者》	能够观察和发现商品价格的差别和变化；了解有关商品的常识，会看说明书；能根据信息识别商品的真伪。	1			

续表

领域	整合前			整合后		
	来源	目标	课时	主题	目标	实施建议
	《品德与社会》上册第三单元《生产与生活》第1课《吃穿用哪里来》	通过学生对日常生活用品的考察和研究，知道工农业生产与我们日常生活的密切关系。知道农、牧、渔、林的生产都是农业生产。	1	从电视机的变化说起	1. 通过学生对日常生活用品的考察和研究，知道工农业生产与我们日常生活的密切关系，知道农、牧、渔、林的生产都是农业生产。 2. 通过认识生活中电视机的发展变化，认识各种产品的不断更新，知道生产的发展是人们生活水平不断提高的需要，是社会发展的需要。 3. 让学生通过对身边生活的调查，了解社会生活需要各行各业的发展，并明白它们与工农业生产部门之间的关系。能够认识到随着社会生产的发展，各行各业也在不断变化着，相应的，人们可以随着行业的变化而变换行业。	活动准备： 请学生在课前通过询问家长、网上查询等方式调查了解。 活动组织： 1. 追根寻源——日常用品找“老家”。 2. 让学生通过对身边生活的调查，了解社会生活需要各行各业的发展，并明白它们与工农业生产部门之间的关系。能够认识到随着社会生产的发展，各行各业也在不断变化着。 3. 总结。
	第2课《从电视机的变化说起》	通过认识生活中电视机的发展变化，认识各种产品的不断更新，知道生产的发展是人们生活水平不断提高的需要，是社会发展的需要。能够进行简单的设计去解决问题。	1			
	第3课《生活中的各行各业》	让学生通过对身边生活的调查，了解社会生活需要各行各业的发展，并明白它们与工农业生产部门之间的关系。能够认识到随着社会生产的发展，各行各业也在不断变化着，相应的，人们可以随着行业的变化而变换行业。	1			

续表

领域	整合前			整合后		
	来源	目标	课时	主题	目标	实施建议
	《品德与社会》上册第四单元《交通与生活》第1课《多种多样的运输方式》	1. 了解多种多样的运输方式，感悟不同运输方式的特点。 2. 体会现代交通运输与人们日常生活的关系。	1	交通连着你我他	1. 了解多种多样的运输方式，感悟不同运输方式的特点。 2. 体会现代交通运输与人们日常生活的关系。 3. 使学生初步学习文明乘车，知道乘车、乘船需要注意的问题。 4. 知道各种交通信号、标志和标线的作用；知道有关的交通法规，懂得应自觉遵守交通法规，提高安全意识。 5. 知道从事交通运输业的人们的辛勤劳动，培养学生尊重他人劳动、爱护交通设施的意识。 6. 知道交通噪音、尾气污染、交通堵塞、交通事故等方面的知识，认识到汽车从诸多方面带来的危害，从而找到解决问题的办法，知道遵守交通规则的重要性。 7. 通过读新闻、演小品等形式引起同学们对交通安全的重视。 8. 通过本次活动，使同学们了解一些基本的交通规则及交通标志，并逐步形成自觉遵守交通规则的良好行为习惯。	活动准备： 请学生在课前通过询问家长、网上查询等方式调查了解。 活动组织： 1. 了解多种多样的运输方式，感悟不同运输方式的特点。 2. 体会现代交通运输与人们日常生活的关系。 3. 使学生初步学习文明乘车，知道乘车、乘船需要注意的问题。 4. 知道各种交通信号、标志和标线的作用；知道有关的交通法规，懂得应自觉遵守交通法规，提高安全意识。 5. 使同学们了解一些基本的交通规则及交通标志，并逐步形成自觉遵守交通规则的良好行为习惯。 6. 总结。
	第2课《交通与我们的生活》	1. 使学生初步学习文明乘车，知道乘车、乘船需要注意的问题。 2. 知道各种交通信号、标志和标线的作用；知道有关的交通法规，懂得应自觉遵守交通法规，提高安全意识。 3. 知道从事交通运输业的人们的辛勤劳动，培养学生尊重他人劳动、爱护交通设施的意识。	1			
	第3课《从古至今话交通》	1. 知道车、桥、路、船、飞机的变化历史，了解交通工具和设施的演变过程。 2. 根据查找的资料，探究交通运输方式为什么会发生这样的变化，在探究中使学生了解从古到今交通发展过程在现实生活中的意义。	1			

续表

领域	整合前			整合后		
	来源	目标	课时	主题	目标	实施建议
	第 4 课《交通问题带来的思考》	知道交通噪声尾气污染、交通堵塞、交通事故等方面的知识，认识到汽车从诸多方面带来的危害，从而找到解决问题的办法，知道遵守交通规则的重要性。	1			
	《安全教育》第 1 课《交通法规我遵守》	1. 通过读新闻、演小品等形式引起同学们对交通安全的重视。 2. 通过本次活动，使同学们了解一些基本的交通规则及交通标志，并逐步形成自觉遵守交通规则的良好行为习惯。	1			
	《品德与社会》下册第一单元《通信与生活》第 1 课《通信连万家》	了解通信的发展，知道现代通信的种类和方式，比较不同通信方式的特点，学会选择适当的通信方式与自己的同学、亲友进行通信联系。	1	通信连万家	1. 了解通信的发展，知道现代通信的种类和方式，比较不同通信方式的特点，学会选择适当的通信方式与自己的同学、亲友进行通信联系。 2. 了解过去人们传递信息的方式，感知通信发展的过程。通过课前收集、分析数据，培养学生收集、整理、分析资料的综合能力。	活动准备： 请学生在课前通过询问家长、网上查询等方式调查了解。 活动组织： 1. 了解与通信有联系的问题是什么。 2. 通过交流、辨析、调查等活动，获得通信知识，掌握一些常用的通信方法。 3. 体会通信与人们生活的关系，了解电视传媒的特点，能正
	第 2 课《从烽火台到互联网》	1. 了解过去人们传递信息的方式，感知通信发展的过程。 2. 通过课前收集、分析数据，培养学生收集、整理、分析资料的综合能力。	1			

续表

领域	整合前			整合后		
	来源	目标	课时	主题	目标	实施建议
	第 3 课《小窗口大世界》	1. 通过本课的学习，让学生知道报纸、电视、广播、互联网等都是大众媒体。 2. 透过大众媒体这个小窗口，可以了解国家和世界上发生的事情，可以了解神奇多彩的大千世界，丰富人们的知识，及时地获取对我们生活有用的信息。	1		3. 透过大众媒体这个小窗口，可以了解国家和世界上发生的事情，可以了解神奇多彩的大千世界，丰富人们的知识，及时地获取对我们生活有用的信息。 4. 体会电视与人们生活的关系，了解电视传媒的特点；能正确对待看电视的利弊，面对因电视引起的家庭矛盾时，知道应当如何正确解决；通过学习使学生学会科学、合理地收看电视节目。	确对待它们的利弊，了解应当如何正确解决。 4. 总结。
	第 4 课《从看电视说起》	体会电视与人们生活的关系，了解电视传媒的特点；能正确对待看电视的利弊，面对因电视引起的家庭矛盾时，知道应当如何正确解决；通过学习使学生学会科学、合理地收看电视节目；通过家长访谈录、拟订看电视协议书，促进学生与家长的交流和沟通；培养学生的团结合作精神。	1			

续表

领域	整合前			整合后		
	来源	目标	课时	主题	目标	实施建议
我与祖国	《品德与社会》下册第四单元《源远流长的中华文化》第1课《吃穿住话古今》	了解中国人创造了独特的饮食文化；了解凝聚在房屋中的文化，领略建筑的风采；了解不同的国家和民族的饮食文化的不同。	2	游汉字王国	1. 学生通过资料收集、调查等途径了解中华文化的博大精深和源远流长。 2. 学生探究中国的汉字、书、陶瓷、青铜、国宝、国粹，激起学生学习中华文化的兴趣和爱好。 3. 学生了解汉字的创造与发展历史，了解书法的演变过程以及中国闻名世界的四大发明。	活动准备： 请学生在课前通过网上查询等方式调查了解。 活动组织： 活动情境设计——《我是中国人》 1. 小组介绍收集到的古往今来中国涌现出的著名诗人、词人以及拥有的国粹、国宝。 2. 调查汇报。 3. 讨论交流。 4. 班级总结。
	第2课《火焰中的文化：陶瓷、青铜》	了解人类的创造性发明——陶器的历史，了解中国灿烂的青铜文化的背景。	2			
	第3课《汉字和书的故事》	了解汉字的创造与发展历史，了解书法的演变过程以及中国闻名世界的四大发明。	2			
	第4课《我们的骄傲：先人、国宝、国粹》	了解中国伟大的先人孔子、司马迁的故事；了解我国的国宝万里长城的历史和我们的国粹京剧。	2			

续表

领域	整合前			整合后		
	来源	目标	课时	主题	目标	实施建议
	《品德与社会》上册第一单元《我爱我的祖国》第1课《我的祖国多辽阔》	了解我国的海陆疆域，学会看中国地图，知道图例、比例尺的含义；了解我国的行政区划，知道省级行政单位在祖国版图上的大体位置。	1	寻访祖国江山美	1. 学生探究我国的海陆疆域，学会看中国地图，知道图例、比例尺的含义；了解我国的行政区划，知道省级行政单位在祖国版图上的大体位置。 2. 学生了解我国的地形、地貌，并能在地图上找到它们的位置，探究多样的地理环境给我国的经济和文化带来的益处。 3. 学生了解母亲河的基本情况，形成热爱母亲河的情感与保护母亲河的意识。了解中国典型的文化名胜“三孔”，形成对中国传统文化根基的基本了解。 4. 学生通过查找资料，了解中国是一个统一的多民族国家，了解不同民族的历史文化和风土人情，尊重和理解不同地区人民的生活方式和礼仪习俗。 5. 知道中国人民解放军是祖国江山的保卫者，了解他们的革命斗志和奉献精神。	活动准备： 请学生在课前通过网上查询等方式调查了解。 活动组织： 活动情境设计——《我爱我的祖国》 1. 介绍我喜欢的祖国风情。 2. 模拟活动：假如我是一名小导游，介绍祖国的大好山河。 活动目标： 1. 了解中华各族儿女不同的生活方式。 2. 体会不同民族的历史文化和风土人情，尊重和理解不同地区人民的生活方式和礼仪习俗。 3. 知道中国人民解放军是祖国江山的保卫者，了解他们的革命斗志和奉献精神。 4. 总结。
	第2课《江山多娇》	了解我国的地形、地貌，并能在地图上找到它们的位置，探究多样的地理环境给我国的经济和文化带来的益处。	2			
	第3课《各族儿女手拉手》	知道中国是一个统一的多民族国家，了解不同民族的历史文化和风土人情，尊重和理解不同地区人民的生活方式和礼仪习俗。	1			
	第4课《祖国江山的保卫者》	知道中国人民解放军是祖国江山的保卫者，了解他们的革命斗志和奉献精神。	2			

续表

领域	整合前			整合后		
	来源	目标	课时	主题	目标	实施建议
	《传统文化》第三单元《名胜佳境》第1课《三孔》	了解“三孔”的来历及历史背景。	1			
	第2课《长江》	了解母亲河的基本情况，明白母亲河的含义，形成热爱母亲河的情感与保护母亲河的意识。	1			

继续保留的原课程

主题	内容	目标	课时
安全与生活	《安全教育》第2课《提防可疑的陌生人》	1. 知道社会上有伤害儿童的坏人；知道坏人欺骗儿童惯用的一些手段。 2. 知道一些提防坏人、不上当受骗的方法。	1
	第3课《不要私自去游泳》	使学生掌握游泳安全应注意的问题，学会在游泳运动中自我保护、自我救护的基本方法，了解溺水抢救的基本常识。	1
	第4课《预防家庭中的意外伤害》	1. 引导学生了解家庭中存在的安全隐患和可能发生的意外伤害。 2. 培养学生养成良好的家庭生活习惯，提高对家庭意外伤害的警惕性。	1
	第5课《安全使用家电和燃气》	1. 通过交流、辨析、调查等活动，获得安全使用家电的基础常识。 2. 掌握一些常用家电的正确操作方法，养成正确使用家电的良好生活习惯。	1

续表

主题	内容	目标	课时
安全与生活	第 6 课《远离健康“杀手”》	1. 引导孩子通过寻找日常生活中的安全隐患，了解这些安全隐患对人体健康和人身安全带来的危害，知道正确的健康生活习惯以及消除这些安全隐患的方法。 2. 指导学生了解一些基本的生活安全常识，树立关爱自我、保护自我、珍爱生命的安全意识。	1
	第 7 课《到公共场所要注意安全》	1. 使学生树立“珍爱生命，安全第一”的意识，具备自救自护的素养和能力。 2. 培养学生的社会安全责任感，使学生逐步形成安全意识，掌握必要的安全知识行为和技能。	1
	第 8 课《雷雨到来的时候》	1. 知道雷电形成的原理和过程，明确雷雨天气的危害，树立防雷电的安全意识。 2. 初步掌握遭遇雷击之后的紧急治疗方法和应急措施。	1
	第 9 课《地震来了怎么办》	1. 了解地震的形成、地震发生的前兆等知识，明确地震的相关知识，明确地震的危害；提高防震、避震的安全意识。 2. 初步掌握在家庭、学校等日常生活中公共场所等中常用的防震方法，做到防患于未然。	1
传统文化	《传统文化》第一单元《经典驿站》第 1 课《唐诗》	让学生了解唐诗是我国优秀的文化遗产，了解唐诗的形式格律及著名的诗人。	1
	第 2 课《宋词》	了解宋词的相关知识，了解宋词产生的时间、与诗歌的不同、著名的词人和作品。	1
	第 3 课《元曲》	了解元曲的常见形式及艺术特色，了解元曲的代表作及作者。	1
	第二单元《名人长廊》第 1 课《蔡文姬》	了解蔡文姬这一人物的生平和代表作，感受她作品的境界。	1
	第 2 课《陶渊明》	了解陶渊明的爱好、生活态度、思想性情及他作品中表达的情感。	1
	第 3 课《李白》	了解浪漫主义诗人李白的生平、爱好以及他作品中表达出来的对权贵的蔑视、对人民疾苦的同情和对祖国大好山河的热爱。	1

续表

主题	内容	目标	课时
	第 4 课《杜甫》	了解现实主义诗人杜甫的生平以及他作品中表现出来的忧国忧民的情感。	1
	第四单元《艺术乐园》第 1 课《谜语》	了解中国谜语的起源和组成部分，激起孩子们对谜语的喜爱之情。	1
	第 2 课《谚语》	了解谚语是古代劳动人民在长期的生产生活实践中总结出来的，了解谚语与气象的密切关系。	1

五年级主题活动目标框架

领域	整合前			整合后		
	来源	目标	课时	主题	目标	实施建议
关注自我	《品德与社会》下册第一单元第 1 课《男生和女生》	1. 通过生活实例，了解男生、女生存在的生理和心理上的性别差异；学会理解和尊重异性同学的性别差异。 2. 面对男生、女生交往中的困惑，能够掌握男生和女生相处的方法和技巧，学会与异性和谐相处。	2	走近男生女生	1. 围绕所研究的主题，提出感兴趣的研究问题，运用多种方法收集资料，解答心中的疑惑。 2. 通过调查、采访，学会理解和尊重异性同学的性别差异，珍视朋友之间的友谊，学习与人相处的方法。 3. 从自身做起，塑造积极向上、活泼健康的青春少年自我形象；与同学、朋友及他人等和谐交往，建立健康的友谊与和谐的关系。	1. 本单元围绕“你我同行”这一主题组织活动内容，让学生通过调查、了解感悟友谊对我们很重要，要珍爱友谊；通过探索、实践活动体验怎样和异性交往，设身处地地为他人着想，并从自身做起，与他人建立健康的友谊与和谐的人际关系。 2. 本单元为同学们准备了三个参考主题，供同学们选择研究。项目设计以“走近男生女生”主题为例，说明研究的步骤与方法，帮助同学们打开探索之门。指导学生通过观察、思考、探究等亲身体验的方式，了解异性在生理和心理上的性别差
	《品德与社会》下册第一单元第 2 课《朋友之间》	1. 通过感受朋友给彼此带来的快乐和帮助，认识到友谊的重要性，学会珍视朋友之间的友谊。 2. 能区别哪些行为和做法是有益于朋友之间的友谊，哪些行为和做法会损害朋友之间的友谊；懂得朋友之间要建立健康的友谊。	2			

续表

领域	整合前			整合后		
	来源	目标	课时	主题	目标	实施建议
	《品德与社会》下册第一单元第3课《学会和谐相处》	1. 懂得设身处地地替对方着想和顾及他人的感受是与人和谐相处的首要原则，懂得“己所不欲，勿施于人”的道理，并学会在实际生活中运用这一道理。 2. 懂得与人交往时发生冲突和摩擦是不可避免的，初步掌握化解冲突和矛盾的方法。	2			异；能够理解及尊重朋友，懂得友谊的意义，愉快地在集体中生活，最终达到知、情、意、行的和谐统一。 安排： 建议活动安排6课时。
	《安全教育》第1课《怎样保护自己》	1. 让学生学会应对可疑陌生人的方法，提高自我防范意识。 2. 培养敢于和善于与坏人、坏事及危险做斗争的精神。	1	关注校园安全	1. 说出应对可疑陌生人的方法，提高自我防范意识。 2. 提高预防校园内各种侵害的警惕性，消除对危险的麻痹和侥幸心理。 3. 认识、了解不良饮食习惯对身体的危害。通过调查、分析，学会从生活中发现问题。 4. 学生上网查找一些简单的安全常识，会处理日常生活中出现的紧急情况，学会自我保护。	活动准备： 教师准备有关怎样保护自己的视频资料。学生收集校园安全防范方法，准备健康饮食的讨论材料。 活动组织： 组织健康饮食的辩论会；组织学生进行调查问卷、采访，制定宣传倡议书。 展评方式： 举办图片展，开展辩论会，展示宣传倡议方案和倡议书。 安排： 建议活动安排12课时。
	《安全教育》第2课《远离校园暴力》	1. 提高预防校园内各种侵害的警惕性，消除对危险的麻痹和侥幸心理。 2. 树立自我保护意识，掌握一定的安全防范方法，使自己在遇到异常情况时能够沉着镇静、机智地保护好自己。	2			

续表

领域	整合前			整合后		
	来源	目标	课时	主题	目标	实施建议
	第3课《饮食与健康》	1. 通过开展实践调查活动，了解日常饮食的合理搭配，建立健康的饮食理念。 2. 寻找身边的一些不良饮食习惯，了解不良饮食习惯对身体的危害，养成科学的饮食习惯。 3. 通过调查、分析，学会从生活中发现问题。	2		5. 学生掌握使用显微镜观察相应的病原体的方法，提高显微镜的操作技能。收集资料了解我国和本地区爱国卫生运动的开展情况及取得的成就。 6. 上网收集防火知识和在火灾中自救的本领。 7. 上网或查资料了解洪水的灾害、类型，掌握一些洪水逃生的方法。	
	第4课《怎样预防食物中毒与铅中毒》	1. 通过教育学生增强安全防范意识，让学生掌握一些简单的安全常识，会处理日常生活中出现的紧急情况，学会自我保护。 2. 让学生从平时点滴小事做起，养成良好的饮食习惯、卫生习惯等，会预防各种常见的传染病的发生。	2			
	第5课《怎样预防传染疾病》	1. 了解人类传染病和预防传染病的一般措施。 2. 学习使用显微镜观察相应的病原体的方法，提高显微镜的操作技能。 3. 介绍我国和本地区爱国卫生运动的开展情况及取得的成就。	2			

续表

领域	整合前			整合后		
	来源	目标	课时	主题	目标	实施建议
	第 6 课《家庭防火》	1. 让学生了解火灾的危害。 2. 学生必须了解一些基本的防火知识和在火灾中自救的本领。	1	走近网络	1. 学生观看宣传片了解迷恋电子游戏的害处。 2. 查阅资料了解不健康上网方式的危害。 3. 制定上网规则，引导学生健康上网、安全上网。	活动准备： 教师准备有关迷恋网络游戏实例的视频资料。学生收集不健康上网方式的危害情况。 活动组织： 组织观看网络游戏危害性视频资料，组织学生进行调查问卷、采访，制定文明上网宣传倡议书。 展评方式： 举办图片展、开展辩论会、展示宣传倡议方案和倡议书。 安排： 建议活动安排 4 课时。
	第 7 课《面对洪水如何避险》	1. 了解洪水的灾害、类型。 2. 通过本次活动让学生充分了解洪水在来临时的基本常识，以及洪水来临时遇到危险应该怎样逃生自救。	2			
	《安全教育》第 7 课《警惕电子游戏的陷阱》	1. 使学生知道迷恋电子游戏的害处，从而能够正确对待电子游戏和上网，能有节制地玩电子游戏和健康地上网，坚决不到网吧和游戏机房去玩。 2. 培养学生明辨是非和自我控制的能力，逐渐养成高雅的爱好和高尚的情操。	2			
	第 8 课《健康上网》	1. 让学生了解网络的利与弊，认识到网络是柄双刃剑。 2. 让学生了解不健康上网方式的危害。 3. 师生制定上网规则，引导学生健康上网、安全上网。	2			

续表

领域	整合前			整合后		
	来源	目标	课时	主题	目标	实施建议
	《品德与社会》上册第一单元《走向文明》第 4 课《学会拒绝》	1. 知道身边存在的种种诱惑，知道诱惑的促进作用和不良诱惑的危害。 2. 初步知道网络、毒品等的利与弊。 3. 初步认识和理解社会生活的复杂性，逐步形成辨别是非的能力。 4. 初步学会用辩证的方法分析事物。	2			
我与自然	《品德与社会》下册第一单元《地球家园》第 1 课《人类的家园——地球》	1. 知道地球的形状和大小等常识。 2. 能够识读和运用地球仪，知道地球的经线、纬线、赤道、东西半球和南北半球位置的划分。 3. 感受地球的美丽与神奇。	1	可怕的消失	1. 说出地球的形状以及大小，知道地球的经线、纬线、赤道、东西半球和南北半球位置的划分。通过查阅资料、调查了解、收集数据，整理分析地球的有关知识。 2. 知道我国土地资源的利用类型、构成特点、当前土地利用中存在的主要问题，以及解决这些问题采取的措施。通过查找资料、观看图片等形式了解土地消失的原因。	活动准备： 教师准备人造卫星拍摄的地球照片以及地球之最的图片，耕地消失、湖泊变小、动物濒临灭绝的原因资料、图片。学生收集地球之最和地球的风景图片，准备地球仪；收集并整理有关罗布泊的资料；查找光污染分成的三大类的资料。 活动组织： 组织学生进行调查问卷、采访，制定宣传倡议书，角色互换发出保护动物的呼吁，设计光污染的调查报告。 展评方式： 展示宣传倡议书、图片展、文字资料呈现。
	《环境教育》第三单元《可怕的消失》第 5 课《消失的耕地》	1. 使学生了解我国主要的土地类型及其特点，知道我国耕地的分布情况。 2. 通过联系前面的气候、地形知识，认识自然环境各要素之间相互影响、相互作用的关系。	2			

续表

领域	整合前			整合后		
	来源	目标	课时	主题	目标	实施建议
		3. 通过了解我国土地资源在利用中出现的问题及其对策，使学生正确认识土地资源与人类的关系，以及治理、开发、利用与保护土地资源的意义，进一步树立正确的人地关系观点、地区差异观点、因地制宜观点以及正确的资源观。			3. 通过课前收集并整理有关罗布泊的资料，了解罗布泊的过去和现在，归纳其变化的原因。 4. 通过对动物的了解，帮助学生了解人类和动物之间相互依存、相互制约的关系，以及人类对待动物所应持有的态度。通过写一封保护动物的倡议书，呼吁全社会积极行动起来，共同保护我们可爱的动物。 5. 说出光污染的原因、危害及一些防治措施，向学生渗透不利的自然条件是可以被改造和利用的科学自然观。学生通过查找资料、生活调查等形式，了解光污染的危害并进行宣传。	安排： 建议活动安排 8 课时。
	第 6 课《湖泊变小了》	1. 了解罗布泊的过去和现在，归纳其变化的原因。 2. 理解造成生态环境破坏的深层原因。	1			
	第 7 课《动物哪里去了》	1. 通过对人类的朋友——可爱的动物的了解，培养学生对动物的爱心，使学生认识到动物与人类是平等的，大家共同生活在同一个地球上。 2. 帮助学生了解人类和动物之间相互依存、相互制约的关系，以及人类对待动物所应持有的态度；培养学生从全局看问题的意识。	2			

续表

领域	整合前			整合后		
	来源	目标	课时	主题	目标	实施建议
	第8课《星星不见了》	1. 使学生了解光污染的原因、危害及一些防治措施，培养学生热爱家乡、热爱大自然的思想感情。 2. 引导学生从小事做起，增强学生的环保意识。 3. 培养学生养成良好的思考习惯，并向学生渗透不利的自然条件是可以被改造和利用的科学自然观。	2			
	《品德与社会》下册第一单元《地球家园》第2课《重负的大地》	1. 知道地球为人类提供了生存与发展的基本条件，培养学生热爱地球、关爱地球、感激地球的情感，体会“只有一个地球”的含义。 2. 初步了解环境恶化、人口剧增、资源匮乏是当前地球所面临的重大问题，理解人与自然和谐共存的重要性，初步树立环境忧患意识。 3. 了解并关注家乡的生态环境，初步学习开展社会调查、撰写调查报告的基本方法。	2	重负的大地	1. 通过播放《只有一个地球》的视频，引导学生初步感受地球为人类提供了生存与发展的空间和资源，体会“只有一个地球”的含义。学生通过调查资料、开展“我爱我的家”演讲、进行小小辩论会等形式树立环保意识。 2. 通过收集和查找资料，了解曾经发生在我国以及世界上的重大地震灾害，认识大自然有不可抗拒的一面；体验并掌握在地震面前自救互救的方法；体会到人们在危难面前团结互助、英勇抗灾的可贵精神，感悟大爱无疆的境界。	活动准备： 教师环境遭受污染、地球遭受肆虐破坏的视频、图片资料以及一些避难的知识、方法的图片、视频等资料。学生查找地球给我们提供了什么的资料；准备地球是人类唯一家园的辩论资料；“我爱我的家园”演讲比赛的资料；收集一些避难、自救的方法和案例；准备模拟活动的道具。

续表

领域	整合前			整合后		
	来源	目标	课时	主题	目标	实施建议
	《环境教育》第一单元《环境差异》第3课《疯长的水葫芦》	1. 意识到生物入侵对生态平衡的破坏作用，能为防止生物入侵贡献自己的力量。 2. 知道生物入侵的危害和治理生物入侵的方法。 3. 通过多种途径收集有关生物入侵的信息，分析当地生物入侵的情况。	1		3. 知道生物入侵的危害和治理生物入侵的方法。意识到生物入侵对生态平衡的破坏作用，能为防止生物入侵贡献自己的力量。通过上网查阅资料以及进行社会调查，了解治理生物入侵的方法。 4. 说出乱吐口香糖对环境造成的污染。通过图片、收集资料、调查了解等形式让学生明白乱吐口香糖带来的烦恼，学会处理口香糖的方法，提高学生的环保意识。 5. 交流白色污染及其危害。通过查阅资料、调查了解、拍摄照片等形式，认识白色污染对环境、对人类生活和生存带来的危害，知道应该保护环境、关爱家园。 6. 联系实际生活，了解电池的益处以及废电池给人们带来的危害。学生通过发放调查问卷、收集资料、采访、制作宣传资料做宣传，号召全体参与到环保活动中，树立环保意识。	活动组织： 学唱歌曲《我们的田野》，通过歌词和旋律来进一步感受地球的奉献。组织学生开展辩论赛。组织学生进行调查采访、资料收集，组织学生准备模拟活动的道具，掌握自救的方法。 展评方式： 开展辩论会，举办图片展、相片展览，模拟情景表演，展示宣传倡议书。 安排： 建议活动安排13课时。
	《环境教育》第三单元《顽固垃圾》第9课《难以去除的"口香糖"》	1. 了解乱吐口香糖带来的烦恼以及对环境造成的污染。 2. 理解口香糖外包装纸上的环保标志的含义，讨论消除口香糖污染的办法。 3. 使学生萌发环保意识，乐意为保护环境而努力。	2			
	第10课《白色污染》	1. 通过口语交际，使学生知道什么叫白色污染，认识到白色污染对环境、对人类生活和生存的危害，认识到投身环保的必要性。 2. 结合身边的事例，交流如何拒绝白色污染、保护环境、关爱家园。 3. 通过合作交流，增强学生表达、倾听和与他人交往沟通的能力。	2			

续表

领域	整合前			整合后		
	来源	目标	课时	主题	目标	实施建议
	第 11 课《遗弃的电池》	1. 通过回收废电池活动，培养学生的环保意识：要爱护我们的地球家园，保护环境。 2. 培养学生收集信息和处理信息的能力。 3. 激发学生积极参与保护环境的活动热情，提高他们解决实际问题的能力，树立可持续发展的意识。	2		7. 知道电子垃圾的来源以及危害性，通过上网查找资料、调查了解，知道电子垃圾对环境造成的污染，以及如何安排它的去向，做到绿色环保。 8. 通过播放课件与自己的调查，使学生认识到地球环境的破坏与每一个人关系都很密切，增强学生的社会责任感，鼓励学生积极参与到身边力所能及的环保活动中去。	
	第 12 课《电子垃圾》	1. 让学生在实践中了解有关电子垃圾的知识，使学生对电子垃圾有一个初步的了解。 2. 通过各种途径收集资料，培养学生初步整理资料、分析资料和处理资料的能力。 3. 通过小组活动和信息交流，培养学生动手动脑、合作探究的能力，使学生获得实践体验和感受。	2			
	《品德与社会》下册第一单元《地球家园》第 3 课《我们能为地球做什么》	1. 了解家乡及身边的一些环境问题，认识到自己的一些消费行为会给环境带来的负面影响。 2. 利用课堂所学知识来指导生活，让学生学会在生活中节约利用资源、减少资源浪费。 3. 使学生树立一定的环境意识和社会责任感，积极参与身边力所能及的环保活动。	2			

续表

领域	整合前			整合后		
	来源	目标	课时	主题	目标	实施建议
	《品德与社会》下册第二单元第4课《当灾害降临的时候》	1. 通过观察和查找资料,了解曾经发生在我国以及世界上的重大自然灾害,认识大自然有不可抗拒的一面。 2. 了解人类为应对自然灾害所做的不懈努力和探索、取得的经验和成绩、采取的预防和预报措施。 3. 体会人们在危难中团结互助、英勇抗灾的可贵精神和品质,学习在自然灾害前自救互救的方法。	2	危险来了怎么办	1. 通过查找资料,了解自然灾害有哪些,掌握一些自然灾害发生后自救自护、互救互助的知识。 2. 通过师生平等交流、观看视频资料、模拟演练等多种形式的活动,学习灾害中自救、互助的方法,提高自救、自护能力。 3. 培养学生在灾害中团结互助的精神。通过实例,使学生懂得危难之中人们团结互助的重要性。 4. 培养团队合作精神,确保小组成员有良好的时间观和纪律观,有明确的分工,明确自己的责任,努力完成自己的任务,通过自主、探究、合作交流等方式,分享成功的喜悦。	1. 本单元围绕"自我保护"这一主题组织活动内容,从自然灾害预防开始,重点指导学生掌握地震、洪水等自然灾害发生后自救、互救的方法,让学生明白灾害来临时最重要的是做到头脑清醒、不慌乱。重视对实践探究、调查访问以及安全意识的培养,让学生关注安全问题,强化安全意识。 2. 本单元为同学们准备了两个参考主题供同学们选择研究。项目设计从校园安全入手,以"自我保护"主题为例,说明研究的步骤与方法,帮助同学们打开探索之门。同时,通过观察、思考、探究等亲身体验的方式,了解自然灾害预防及自救的方法,强化防灾能力,最终达到知、情、意、行的和谐统一。
	《安全教育》第7课《面对洪水如何避险》	1. 认识和了解洪水的危害。 2. 学习躲避洪水引发的基本方法。 3. 掌握洪水来临时的自护、自救方法和技能,提高防范意识。	1			

续表

领域	整合前			整合后		
	来源	目标	课时	主题	目标	实施建议
	《品德与社会》上册第一单元第1课《科技带给我们什么》	感受并体会到科学技术时时刻刻在影响着我们的生活，给我们的生活带来了数不清的好处。	2	生活科技探秘	1. 说一说科学技术的发展给我们的生活带来的日新月异的变化。通过查阅资料、调查了解、开展辩论会等形式说说科技这把双刃剑具体表现在哪些方面。指导学生以“科技是把双刃剑”为内容，写一篇小论文。 2. 列举生活实例说出环保家电对人类的益处。通过查阅资料、调查了解、整理分析、做手抄报宣传等手段，让学生及其周围人对环保家电有全新的了解。 3. 明确海水淡化的价值，体会我国淡水资源的珍贵，养成珍惜水资源的习惯。通过比较海泉水和普通纯净水的不同之处，掌握看一看、尝一尝、闻一闻等观察、比较的方法以及制作宣传手册的方法。 4. 学生在地图上找出沿海城市。通过读书、查阅资料、看地图等方法掌握“耕海牧渔”的知识。知道以后应怎样为“耕海牧渔”事业做出贡献。 5. 交流健康、有益、低能耗和低污染的家居环境的实例。讨论“绿色家居”在能源技术、建筑材料、设施配套等方面所采取的高新技术。	活动准备： 教师布置学生们开展“科技在我家”采访调查活动。学生收集科学技术带给人类的好处和坏处，开展辩论会。 活动组织： 组织学生上网查找保护绿色地球的措施，组织学生进行问卷调查、采访，制定宣传倡议书。 展评方式： 举办图片展，开展“我是环保小达人”演讲比赛，展示宣传倡议方案和倡议书。 安排： 建议活动安排5课时。
	《环境教育》第四单元第13课《环保家电》	1. 使学生了解环保家电对人类有益的地方。 2. 让学生去号召家人购买和使用环保家电。	2			
	《环境教育》第四单元第14课《喝上“海泉水”喽》	1. 使学生了解海泉水的好处。 2. 教育学生从自身做起，做一名环保小卫士。	1			
	《环境教育》第四单元第15课《耕海牧渔》	1. 认识“耕海牧渔”的意义和现状及对环境的影响。 2. 能够自觉开展“保护海洋”的环保宣传活动，培养热爱家乡、建设家乡的情感。 3. 运用多种方式了解“耕海牧渔”对经济发展的促进作用以及带来的问题，学习如何保护海洋环境。	2			
	《环境教育》第四单元第16课《家居新概念》	1. 使学生知道绿色家居环境对人类的身体健康有益。 2. 了解绿色家居的重要性。	2			

续表

领域	整合前			整合后		
	来源	目标	课时	主题	目标	实施建议
	《环境教育》第一单元《环境差异》第1课《枫叶红了》	1. 通过认识植物的变化，使学生对日益遭受破坏的地球环境有一个清醒认识，从小树立环保意识。 2. 激发学生爱护环境的情感，理解“保护环境，人人有责”的深刻内涵。能分辨什么样的行为是保护环境，什么样的行为是破坏环境。 3. 让学生从自我做起，爱护环境，在生活中养成环保的习惯，具备环保的意识。	3	我的天鹅朋友	1. 初步了解大天鹅的生物学知识，定期观察大天鹅的越冬状况，在活动中对其生活习性有一个全面、翔实的了解。 2. 调查海边天鹅的生存环境，增强环保意识，调查当地对大天鹅的保护措施，增强学生保护大天鹅的意识。 3. 获得充分参加实践活动的体验，感悟自然与人的和谐统一，形成对生态环境的关爱和对社会的责任感，积极投入环境保护之中。	1. 本单元围绕“环境差异”这一主题组织活动内容，从荣成最著名的天鹅入手，重点让学生了解美丽的天鹅，了解它们的生活习性以及与天鹅息息相关的环境，让学生从小认识和关注环境，树立爱护天鹅、保护环境的意识。 2. 本单元为同学们准备了5个参考主题供同学们选择研究。项目设计从与学生生活联系最密切的天鹅入手，以“走近天鹅”主题为例，说明研究的步骤与方法，帮助同学们打开探索之门。指导学生通过观察、思考、探究等亲身体验的方式，了解天鹅的习性和环境对天鹅的影响，最终达到知、情、意、行的和谐统一。
	第2课《大雁南飞》	1. 通过认识动物的变化，使学生对日益遭受破坏的地球环境有清醒认识，从小树立环保意识。 2. 让学生从自我做起，爱护环境，在生活中能养成环保的习惯，具备环保的意识。	2			
	第3课《一方水土养一方人》	1. 意识到人类生产对环境有一定的依赖，环境影响人们的生活习惯、生产方式和生存状态。 2. 知道人们为适应环境采取不同的生活方式和发展模式。 3. 收集不同地区的信息，了解人们的衣食住行因区域、文化不同而存在的差异。	2			

续表

领域	整合前			整合后		
	来源	目标	课时	主题	目标	实施建议
我与社会	《品德与社会》上册第一单元《走向文明》第2课《社会文明大家谈》	1. 通过对社会或自己生活的社区中人们文明素养的现状考察探究，让学生知道我们的社会在走向文明的过程中，对人的文明素养的要求也在提高，文明社会需要文明人。 2. 通过活动，让学生体验做文明人对他人、对自己的价值所在，使学生有自觉做有教养、讲文明的人的积极意愿。 3. 学生能反省自己的行为，找到自己的差距，从小事做起，努力塑造自己的文明形象。	3	社会文明我来谈	1. 知道我们的社会在走向文明的过程中，对人的文明素养的要求也在提高，文明社会需要文明人。 2. 体验做文明人对他人、对自己的价值所在。 3. 为自己树立一个有教养、讲文明的美好形象。	活动准备： 走进学校、社区、大街，观察了解生活周围文明或不文明的行为。 活动组织： 针对班级内每天要打扫卫生，你想对同学说点什么？树立自己的文明形象，布置学生们调查休闲时候大家在做什么。 展评方式： 开展辩论会、撰写小论文、为自己设计一个文明形象、设计自己的宣传手册。
	《品德与社会》上册第一单元《走向文明》第3课《健康文明的休闲生活》	1. 知道人们在休闲时间里开展的各种各样活动有的是健康的，有的是不健康的。 2. 懂得不健康的休闲活动不仅影响个人的身心健康，还会影响到社会的安定和文明风尚的建立。 3. 用行动抵制不健康活动的侵害，积极参加或开展健康的、有利于我们成长的活动。	3	社区居民休闲生活小调查	1. 认识到不健康的休闲活动不仅影响个人的身心健康，还会影响到社会的安定和文明风尚的建立。 2. 通过调查了解、看视频、查找资料等活动，认识到积极参加或开展健康的、有利于我们成长的活动的重要性。 3. 各小组选择编童谣或做游戏等形式进行创编活动，为社区休闲活动提建议。	活动准备： 调查休闲的时候大家在做什么。 活动组织： 为社区休闲活动提提建议，各小组选择编童谣或做游戏等形式进行创编活动。用健康的内容抵制垃圾文化。调查本地区人们吸烟、酗酒的情况，自己选一个专题，选择一种形式，设计自己的宣传手册。 展评方式： 开展辩论会、撰写小论文、推荐一本激励大家的好书。 安排： 建议活动安排4课时。

续表

领域	整合前			整合后		
	来源	目标	课时	主题	目标	实施建议
世界风采	《品德与社会》上册第四单元《漫游世界》第1课《到周边去看看》	1. 培养学生热爱邻国的情感，激发学生了解邻国的兴趣。 2. 使学生学会通过教材范例去收集、整理资料，并从中归纳概括出有价值的信息。 3. 知道和认识我国周边的主要国家及其与我国的历史、文化、经济的联系。	2	探访我们的邻居	1. 学会通过教材范例去收集整理资料，并从中归纳概括出有价值的信息。 2. 学生查找资料概括出我国周边的主要国家及其与我国的历史、文化、经济的联系。 3. 查阅资料了解世界文化遗产，感受人类文明及其所蕴含的聪明智慧。 4. 学生查阅资料，在分析比较中发现不同国家、地区人们的生活特点与他们的生活环境之间的关系；学会联系、发展地认识一个国家；观看《多彩的节日》等动画，让学生更容易感受到节日的气氛，体会西方人过圣诞节的气氛。	活动准备： 教师准备有关世界不同国家的视频。学生收集我国周边的主要国家及其与我国的历史、文化、经济的联系。 活动组织： 组织小故事会；组织学生进行调查问卷、采访，整理资料交流。 展评方式： 举办和平寄予卡片展、开展辩论会、展示宣传倡议方案和倡议书。 安排： 建议活动安排8课时。
	第2课《环球旅行去》	1. 初步了解世界主要的文化遗产，感受人类文明及其所蕴含的聪明智慧。 2. 培养学生的全球意识和对世界多元文化的理解与欣赏的态度。	2			
	第3课《文化采风》	1. 感受人类文化的传播及其传承与发展，感受文化的多元性。 2. 懂得对不同国家的生活习惯、不同的文化习俗持宽容、欣赏和尊重的态度。	1			

续表

领域	整合前			整合后		
	来源	目标	课时	主题	目标	实施建议
	《品德与社会》下册第四单元第 1 课《我的成长足迹》	1. 通过具体的材料，认识自己在小学五年的学习生活中身体的变化、学习的进步以及生活经验的积累，知道自己的成长进步离不开学校生活，离不开老师的教导和同学们的帮助。 2. 收集和整理反映自己成长进步的有关资料，按一定的顺序进行分类整理，制作自己的成长纪念册，培养收集资料、分类和整理资料的能力。 3. 通过回忆学生成长的足迹，感受成长的快乐。	4	告别我的小学生活	1. 回忆自己五年的学校生活，以成长纪念册的形式积累自己的成长足迹，增强对学校的亲近感，感受同学之间的友爱之情和老师的教育之恩。学生通过收集能反映自己成长进步的照片、奖状、证书、作业本、成绩册，回忆自己的成长足迹，感受成长的快乐。 2. 知道自己的成长离不开老师、朋友、同学的理解和帮助，通过开展故事会、互赠感言等形式，表达对自己、朋友、同学、老师的感激之情。	活动准备： 教师准备学生从入学开始参与学校的各项活动，逐渐成长的多媒体课件。学生并收集能反映自己成长进步的照片、奖状、证书、作业本、成绩册。 活动组织： 合作学习，对自己收集的资料进行分类整理，展开竞赛，展示成长记录册；召开“难忘小学时光”故事会；组织学生互写，互赠临别赠言。 展评方式： 举办个人成长记录册展示、撰写我的成长大事记、开展故事会、展示赠送感言。 安排： 建议活动安排 6 课时。
	第 2 课《临别感言》	1. 自己的成长离不开朋友、老师和同学的帮助，感受同学之间的友爱之情和老师的教育之恩。 2. 用适当的方式表达自己对朋友、同学和老师的感激之情。	2			
继续保留的原课程	《品德与社会》上册第二单元第 1 课《不能忘记屈辱》、第 2 课《起来，不愿做奴隶的人们》、第 3 课《为了中华民族的崛起》，第三单元《腾飞的祖国》第 1 课《站起来的中国人》、第 2 课《日益富强的祖国》、第 3 课《告别贫困奔小康》、第 4 课《打开国门走向世界》					
	《品德与社会》下册第三单元《同在一片蓝天下》第 1 课《战争的苦难》、第 2 课《放飞合平鸽》、第 3 课《我们手拉手》					
	《传统文化》第一单元《经典驿站》、第二单元《名人长廊》、第四单元《艺术乐园》					

第三章

主题课程的内容

我们把三至五年级所使用的国家课程与地方课程的内容重合部分进行整理、对比、分析，从而总结梳理出了教学内容重复一览表。本着“整合课时，整合内容，减少课程实施的不必要耗费”的原则，将上述有重复的教学内容通过增删添补等方式重新制定出总目标。根据一定的主题，结合学生的实际学习兴趣和需要进行分类，形成一个个主题模块。在整体上不减少课程的总课时数、完成教学目标的总要求下，相应地减少对重复内容的学习时间，提高学习效率和针对性。

第一节　主题课程内容的选择

我们在使用三至五年级的国家课程《品德与社会》及地方课程《环境教育》《安全教育》《传统文化》时，发现课程内容交叉重叠现象严重。于是，我们对重叠部分进行了梳理，形成了教学内容重合部分一览表。

三年级教学内容重合部分一览表

<table>
<tr><th colspan="2">主题</th><th>《品德与社会》
上册</th><th>《品德与社会》
下册</th><th>《传统文化》</th><th>《环境教育》</th><th>《安全教育》</th></tr>
<tr><td colspan="2">植物</td><td></td><td></td><td></td><td>二、珍爱生命
5. 小草的微笑
8. 小树的“哭”声</td><td></td></tr>
<tr><td colspan="2">动物</td><td></td><td></td><td></td><td>二、珍爱生命
6. 帮蚯蚓回家
7. 笼中的小鸟
9. 树是谁的家
10. 池塘是谁的家
童眼看法规：保护野生动物</td><td></td></tr>
<tr><td rowspan="3">人</td><td>安全</td><td></td><td>一、珍爱生命
1. 美丽的生命
2. 我们的生命
3. 安全的生活</td><td></td><td></td><td>4. 防止校园中的人为伤害
5. 避免校外游戏中的意外伤害
8. 小心火灾
9. 大自然发脾气时怎么办</td></tr>
<tr><td>规则</td><td>四、我和规则交朋友
1. 规则在哪里
2. 规则有什么用
3. 我们给自己定规则</td><td>三、出行的学问
1. 学看平面图
2. 校外探路
3. 寻路和行路
4. 马路不是游戏场</td><td></td><td></td><td>1. 上学路上保安全
2. 安全标志要记牢
3. 卫生安全我做主
6. 安安全全去游玩
7. 我们的援助电话</td></tr>
<tr><td>自我</td><td>三、我在生活中长大
1. 我成长我快乐
2. 做生活的小主人</td><td></td><td></td><td></td><td></td></tr>
</table>

续表

主题	《品德与社会》上册	《品德与社会》下册	《传统文化》	《环境教育》	《安全教育》
感恩		二、关心你爱护他 1. 让爷爷奶奶高兴 2. 伸出爱的手 3. 我的邻里乡亲 4. 大家的事情大家做			
家乡	二、我学习和生活的地方 1. 我们的学校 2. 我生活的社区	四、一方水土养一方人 1. 我的家乡在哪里 2. 家乡的美景家乡的人 3. 浓浓乡土情	二、名人长廊 4. 孔子 5. 孟子 三、名胜佳境 8. 黄河 9. 五岳独尊——泰山 10. 济南 11. 崂山	一、美丽的家乡 1. 自然美景看不够 2. 齐鲁风情 3. 丰富的资源 4. 我的家乡	
我是低碳小达人				三、简朴生活 11. 一件衣服穿多久 12. 铅笔的对话 13. 餐桌上的剩菜 14. 水龙头别“流泪” 15. 一度电的用途 16. 话说包装 四、绿色志愿者 我身边的浪费现象	
源远流长的中华文化			一、经典驿站 1.《三字经》 2.《幼学琼》 3.《山海经》 二、名人长廊 6. 晏子 7. 孔融 四、艺术乐园 10. 歇后语 11. 民谣		

四年级教学内容重合部分一览表

单元	主题	《品德与社会》上册	《品德与社会》下册	《传统文化》	《环境教育》	《安全教育》
自我成长	走向生活的通行证		二、让诚信永相伴 1. 请你相信我 2. 诚信是金 3. 社会呼唤诚信			
班级生活			三、我们的民主生活 1. 班队干部大家选 2. 集体事情大家定 3. 做一个积极的参与者 4. 社会生活中的民主			
家庭生活		二、消费与生活 1. 家庭小账本 2. 合理的消费 3. 购物场所我知道 4. 做个聪明的消费者				
社区生活					一、习俗与文明 1. 给动物让路 2. "煮鸡蛋"的思考 3. "游动"的蒙古包 4. 一次婚礼 5. 我的环境我爱护 二、循环利用 1. 一张纸的"旅行" 2. 污水变清 3. 身边的一次性用品 4. 给垃圾找"家" 三、生活与环境 1. 小区的环境 2. 城市"牛皮癣" 3. 一口痰的危害 4. 我们吸进了什么 5. 把废品变成艺术品 6. 布置我的房间 7. 做个环保提示牌 四、绿色志愿者 家乡的小河 五、童眼看法规 生命之源的保护神	

续表

单元	主题	《品德与社会》上册	《品德与社会》下册	《传统文化》	《环境教育》	《安全教育》
社会生活		三、生产与生活 1. 吃穿用哪里来 2. 从电视机的变化说起 3. 生活中的各行各业 四、交通与生活 1. 多种多样的运输方式 2. 交通与我们的生活 3. 从古到今话交通 4. 交通问题带来的思考	一、通信与生活 1. 通信连万家 2. 从烽火台到互联网 3. 小窗口大世界 4. 从看电视说起			1. 交通法规我遵守 2. 提防可疑的陌生人 3. 不要私自去游泳 4. 预防家庭中的意外伤害 5. 安全使用家电和燃气 6. 远离健康“杀手” 7. 到公共场所要注意安全 8. 雷雨到来的时候 9. 地震来了怎么办
热爱祖国		一、我爱我的祖国 1. 我的祖国多辽阔 2. 江山多娇 3. 各族儿女手拉手 4. 祖国江山的保卫者	四、源远流长的中华文化 1. 吃穿住话古今 2. 火焰中的文化：陶瓷和青铜 3. 汉字和书的故事 4. 我们的骄傲：先人、国宝、国粹	一、经典驿站 1. 唐诗 2. 宋词 3. 元曲 二、名人长廊 1. 蔡文姬 2. 陶渊明 3. 李白 4. 杜甫 三、名胜佳境 1. 三孔 2. 长江 四、艺术乐园 1. 谜语 2. 谚语		

五年级教学内容重合部分一览表

单元	主题	《品德与社会》上册	《品德与社会》下册	《安全教育》	《环境教育》
自我	文明交往		一、你我同行 1. 男女和女生 2. 朋友之间 3. 学会和谐相处		
	自我保护	一、走向文明 4. 学会拒绝		1. 怎样保护自己 2. 远离校园暴力 3. 饮食与健康 4. 怎样预防食物中毒与铅中毒 5. 怎样预防传染疾病 6. 家庭防火	
	健康上网	一、走向文明 5. 学会拒绝		7. 警惕电子游戏的陷阱 8. 健康上网	
保护地球	地球		二、我们生活的地球 1. 人类的家园——地球		
	保护地球		二、我们生活的地球 2. 重负的大地 3. 我们能为地球做什么		一、环境差异 3. 疯长的水葫芦 二、可怕的消失 5. 消失的耕地 6. 湖泊变没了 7. 动物哪里去了 8. 星星不见了 三、顽固垃圾 9. 难以去除的“口香糖” 10. 白色污染 11. 遗弃的电池 12. 电子垃圾 绿色志愿者：追踪“限塑令”

续表

单元	主题	《品德与社会》上册	《品德与社会》下册	《安全教育》	《环境教育》
	应对灾害		二、我们生活的地球 4. 当灾害降临的时候	9. 面对洪水如何避险	
健康生活	绿色生活	一、走向文明 1. 科技带给我们什么			四、绿色生活 13. 环保家电 14. 喝上“海泉水”喽 15. 耕海牧渔 16. 家居新概念
	社会文明我来谈	一、走向文明 2. 社会文明大家谈			
	健康文明的休闲生活	一、走向文明 3. 健康文明的休闲生活			
社会文明	不屈的中国人	二、不屈的中国人 1. 不能忘记屈辱 2. 起来，不愿做奴隶的人们 3. 为了中华民族的崛起			
	腾飞的祖国	三、腾飞的祖国 1. 站起来的中国人 2. 日益富强的祖国 3. 告别贫困奔小康 4. 打开国门，走向世界			
	世界风采	四、漫游世界 1. 到周边去看看 2. 环球旅行去 3. 文化风采			

续表

单元	主题	《品德与社会》上册	《品德与社会》下册	《安全教育》	《环境教育》
	世界和平		三、同在一片蓝天下 1. 战争的苦难 2. 放飞和平鸽 3. 我们手拉手		
	成长的足迹		四、再见，我的小学生活 1. 我的成长足迹 2. 临别感言		
	天鹅湖畔				一、环境差异 1. 枫叶红了 2. 大雁南飞
	亲近家乡				一、环境差异 4. 一方水土养一方人

我们对重叠交叉的内容进行分析、统计后，发现国家课程与地方课程的交叉重复率达到了48%，进行课程整合的愿望便油然而生了。于是，我们开始对国家课程《品德与社会》和地方课程《环境教育》《安全教育》《传统文化》的目标进行梳理、整合，形成了总目标和年级目标。依据总目标和年级目标，通过删减、融合、增补、重组的方式对课程的内容进行整合，形成了一个个主题板块，在此基础上形成了主题课程。

第二节 内容梳理与重组的原则

本着“整合课时，整合内容，减少课程实施的不必要耗费”的原则进行整合。

一方面是删除完全重复的内容。如五年级《安全教育》第9课《面对洪水如何避险》，与五年级下册《品德与社会》第二单元第4课《当灾害降临的时候》中的“洪水和在洪水灾害中的救助”的内容和知识点完全重复，这样就对《安全教育》中这种重复性的内容予以删除。再如三年级下册《环境教育》第五单元中的第13课《学会应对突发事件》、第14课《大风天气时的安全防护》、第15课《雷雨天气防雷击》，与四年级上册《品德与社会》第三单元《应对突发事件》中的内容和知识点完全重复，对《环境教育》中这种重复性的内容予以删除。

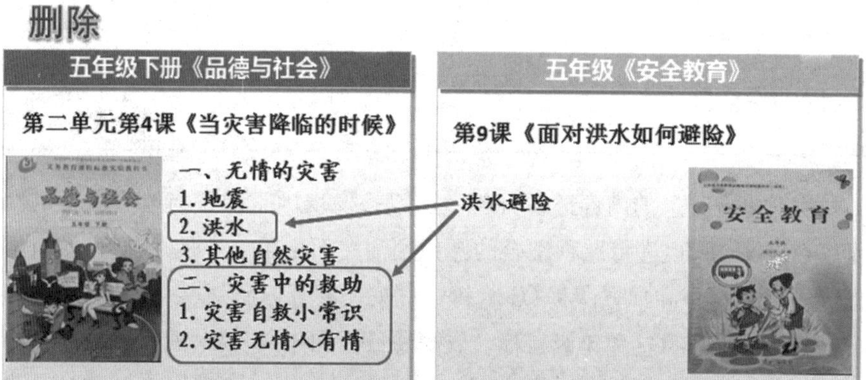

内容和知识点完全重复

整合方法：对《安全教育》中这种重复性的内容予以删除。

另一方面是将地方课程中相关联的内容融合到国家课程中，生成新的主题。根据本次课程改革所倡导的精神，整合时侧重于有学生主体参与的体验、探究、交流研讨等实践性教学活动，鼓励教师根据具体目标、内容、条件、资源的不同，结合教学实际，选用并创设丰富多彩的活动形式。于是，就有了学科间和学科内两种整合。

所谓学科间整合，即多个课程内容目标并列，将其归类、整合，形成不同的主题课程。学科间整合是根据学生学习的需要，打破泾渭分明的学科间的界限，以统一的主题、问题、概念、基本学习内容连接不同学科。学科间整合目的在于使学生在此过程中建立系统的思维方式，体验知识之间的联系。如五年级下册《品德与社会》第二单元《我们生活的地球》与五年级《环境教育》第二单元《可怕的消失》和第三单元《顽固垃圾》多有重复；《环境教育》中《消失的耕地》《湖泊变小了》《动物哪里去了》正是《品德与社会》《地球变穷了》中的知识点；《环境教育》中《难以去除的“口香糖”》《白色污染》《遗弃的电池》《电子垃圾》正是《品德与社会》“地球变脏了”中的知识点。于是，将《品德与社会》下册中“地球变穷了”与《环境教育》中的《消失的耕地》《湖泊变小了》《动物哪里去了》《星星不见了》整合为“可怕的消失”主题；再将《品德与社会》的《重负的大地》《当灾害降临的时候》与《环境教育》中的《疯长的水葫芦》《难以去除的“口香糖”》《白色污染》《遗弃的电池》《电子垃圾》整合为“重负的大地”主题；又将《品德与社会》中的《我们能为地球做什么》与《环境教育》中的《环保家电》《喝上“海泉水”喽》《耕海牧渔》《家居新概念》归为“绿色生活”主题，三大主题整合为“自然与环境”单元。

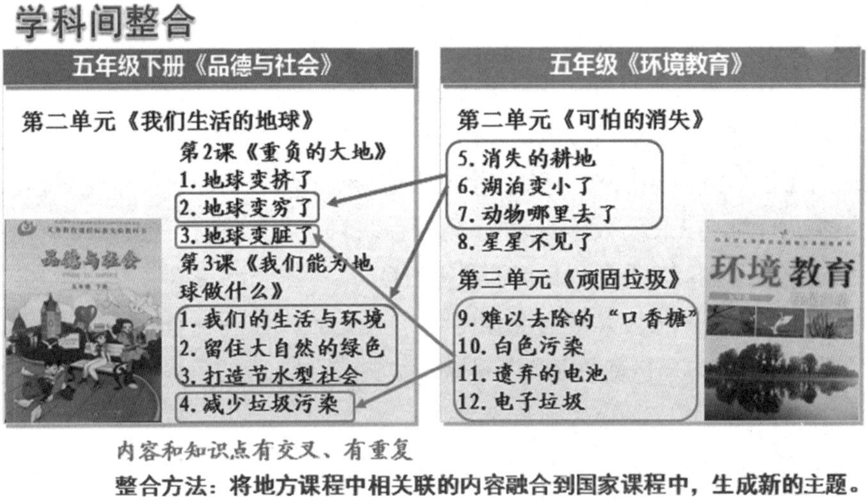

我们所做的学科内整合，是将单元课程主题相近的或内容独立的整合成一个主题课程。以“主题”统领课程、开展学科整合的方式最具实效，即使是同一学科内也能整合。只要是能更好地促进学生的成长，通过主题或项目研究，能使学生自主建构知识，使学习变得有趣、有用、有意义，我们就进行整合。例如，三年级《环境教育》第三单元《简朴生活》含有《一件衣服穿多久》《铅笔的对话》《餐桌上的剩菜》《水龙头别“流泪”》《一度电的用途》《话说包装》《绿色自愿者——我身边的浪费现象》，内容独立，可将其归入“家庭生活”单元中的“低碳”类内容，自成一个主题为“我做低碳小达人”。把学科内这些密切相关的内容统整起来，有利于培养学生理解和综合运用知识解决实际问题的能力。

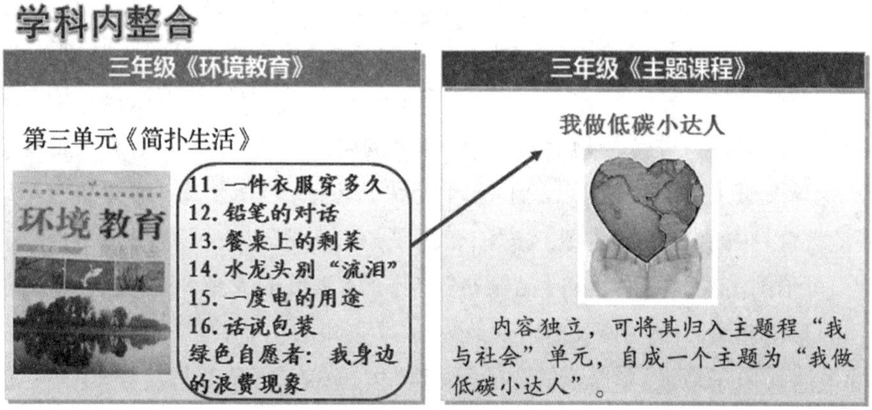

此外,对于未整合的课程内容,我们灵活处理。如五年级《环境教育》中的“枫叶红了”“大雁南飞”等,还有各个年级《传统文化》中的部分内容,可以按照原来的方式进行学习,还可根据需要按照年级编写补充教材等。

这样,课题组教师对原有教材进行分析、重组,将典型的内容进行保留,割裂的内容进行统整,重叠的内容进行合并,从而串联起分散在各科之中的“知识点”,形成了融通一体的“知识树”。在这个过程中,我们认识到:教材并不是课程内容的全部,对于那些无法有效落实的“主题课程”目标,我们进行了创造性地自主开发,最终形成了围绕主题课程目标的课程内容。

值得一提的是,并不是所有课程内容都能整合。对于不能整合的知识点,必须由相应学科老师严格遵循国家课程标准完成,做到课程的目标、内容、总课时一个不少。

同时,立足于问题解决与实践经验的总结,我们以学生发展为中心,以实践为载体,以方法为要素,联系学生的生活及经验,选取内涵最贴切、学生最感兴趣的主题,与目标、内容一起组成主题模块。如《和规则交朋友》《争做低碳小达人》《校园自护 ABC》等,拉近课程与学生的距离。

下列附表为各年级主题课程内容:

三年级主题课程内容

领域		主题	来源	课时
关注自我	1	我做生活的小主人	《品德与社会》上册第三单元《我在生活中长大》第 1 课《我成长我快乐》、第 2 课《做生活的小主人》	4
	2	应对陌生人	《品德与社会》下册第一单元《珍爱生命》第 1 课《美丽的生命》、第 2 课《我们的生命》、第 3 课《安全的生活》《安全教育》、第 4 课《防止校园中的人为伤害》、第 5 课《避免校外游戏中的意外伤害》、第 8 课《小心火灾》、第 9 课《大自然发脾气时怎么办》	6
	3	出行的学问	《品德与社会》下册第三单元《出行的学问》第 1 课《学看平面图》、第 2 课《校外探路》、第 3 课《寻路和行路》	8
	4	安全伴我行	《品德与社会》下册第三单元《出行的学问》第 4 课《马路不是游戏场》,《安全教育》第 1 课《上学路上保安全》、第 2 课《安全标志要记牢》、第 3 课《卫生安全我做主》、第 6 课《安安全全去游玩》、第 7 课《我们的援助电话》	6
	5	学校规则伴我行	《品德与社会》上册第四单元《我和规则交朋友》第 1 课《规则在哪里》、第 2 课《规则有什么用》、第 3 课《我们给自己定规则》	6
我与自然	6	走进植物王国	《环境教育》第二单元《珍爱生命》第 5 课《小草的微笑》、第 8 课《小树的“哭”声》	8
	7	和动物交朋友	《环境教育》第二单元《珍爱生命》第 6 课《帮蚯蚓回家》、第 7 课《笼中的小鸟》、第 9 课《树是谁的家》、第 10 课《池塘是谁的家》《童眼看法规:保护野生动物》	4
我与社会	8	感恩与我同行	《品德与社会》下册第二单元《关心你爱护他》第 1 课《让爷爷奶奶高兴》、第 2 课《伸出爱的手》、第 3 课《我的邻里乡亲》、第 4 课《大家的事情大家做》	6
	9	我做低碳小达人	《环境教育》第三单元《简朴生活》第 11 课《一件衣服穿多久》、第 12 课《铅笔的对话》、第 13 课《餐桌上的剩菜》、第 14 课《水龙头别“流泪”》、第 15 课《一度电的用途》、第 16 课《话说包装》《绿色自愿者:我身边的浪费现象》	6
我与家乡	10	美丽家乡任我游	《品德与社会》下册第四单元《一方水土养一方人》、第 2 课《家乡的美景家乡的人》,《环境教育》第一单元《美丽的家乡》第 1 课《自然美景看不够》,《传统文化》第三单元《名胜佳境》第 8 课《黄河》、第 9 课《五岳独尊——泰山》、第 10 课《济南》、第 11 课《崂山》,《传统文化》第二单元《名人长廊》第 4 课《孔子》、第 5 课《孟子》	6

四年级主题课程内容

领域		主题	内容来源	课时
关注自我	1	诚信伴我行	《品德与社会》下册第二单元《让诚信永相伴》第1课《请你相信我》、第2课《诚信是金》、第3课《社会呼唤诚信》	2
我与自然	2	探索节能小窍门	《环境教育》第一单元《习俗与文明》第1课《给动物让路》、第2课《"煮鸡蛋"的思考》、第3课《"游动"的蒙古包》、第4课《一次婚礼》、第5课《我的环境我爱护》	4
	3	给垃圾找"家"	《环境教育》第二单元《循环利用》第1课《一张纸的"旅行"》、第2课《污水变清》、第3课《身边的一次性用品》、第4课《给垃圾找"家"》	6
	4	争做环保小卫士	《环境教育》第三单元《生活与环境》第1课《小区的环境》、第2课《城市"牛皮癣"》、第3课《一口痰的危害》、第4课《我们吸进了什么》、第5课《把废品变成艺术品》、第6课《布置我的房间》、第7课《做个环保提示牌》《绿色志愿者:家乡的小河》《童眼看法规:生命之源的保护》	2
我与社会	5	探寻社会生活中的民主	《品德与社会》下册第三单元《我们的民主生活》第1课《班队干部大家选》、第2课《集体事情大家定》、第3课《做一个积极的参与者》、第4课《社会生活中的民主》	4
	6	购物消费学问大	《品德与社会》上册第二单元《消费与生活》第1课《家庭小账本》、第2课《合理的消费》、第3课《购物场所我知道》、第4课《做个聪明的消费者》	6
	7	从电视机的变化说起	《品德与社会》上册第三单元《生产与生活》第1课《吃穿用哪里来》、第2课《从电视机的变化说起》、第3课《生活中的各行各业》	4
	8	交通连着你我他	《品德与社会》上册第四单元《交通与生活》第1课《多种多样的运输方式》、第2课《交通与我们的生活》、第3课《从古至今话交通》、第4课《交通问题带来的思考》,《安全教育》第1课《交通法规我遵守》	6
	9	通信连万家	《品德与社会》下册第一单元《通信与生活》第1课《通信连万家》、第2课《从烽火台到互联网》、第3课《小窗口大世界》、第4课《从看电视说起》	4
我与祖国	10	遨游汉字王国	《品德与社会》下册第四单元《源远流长的中华文化》第1课《吃穿住话古今》、第2课《火焰中的文化:陶瓷　青铜》、第3课《汉字和书的故事》、第4课《我们的骄傲:先人　国宝国粹》	6
	11	寻访祖国江山美	《品德与社会》上册第一单元《我爱我的祖国》第1课《我的祖国多辽阔》、第2课《江山多娇》,《传统文化》第三单元《名胜佳境》第2课《长江》	6

五年级主题课程内容

领域		主题	来源	课时
关注自我	1	走近男生女生	《品德与社会》下册第一单元第1课《男生和女生》、第2课《朋友之间》、第3课《学会和谐相处》	4
	2	关注校园安全	《安全教育》第1课《怎样保护自己》、第2课《远离校园暴力》、第3课《饮食与健康》、第4课《怎样预防食物中毒与铅中毒》、第5课《怎样预防传染疾病》、第6课《家庭防火》	6
	3	走近网络	《品德与社会》上册第一单元第4课《学会拒绝》《安全教育》、第7课《警惕电子游戏的陷阱》、第8课《健康上网》	4
我与自然	4	重负的大地	《品德与社会》下册第一单元《地球家园》第2课《重负的大地》、第3课《我们能为地球做什么》;《环境教育》第一单元《环境差异》、第3课《疯长的水葫芦》,第二单元《可怕的消失》第5课《消失的耕地》、第6课《湖泊变小了》、第7课《动物哪里去了》、第8课《星星不见了》,第三单元《顽固垃圾》第9课《难以去除的“口香糖”》、第10课《白色污染》、第11课《遗弃的电池》、第12课《电子垃圾》	6
	5	危险来了怎么办	《品德与社会》下册第二单元第4课《当灾害降临的时候》,《安全教育》第7课《面对洪水如何避险》	6
	6	生活科技探秘	《品德与社会》上册第一单元第1课《科技带给我们什么》,《环境教育》第四单元第13课《环保家电》、第14课《喝上“海泉水”喽》、第15课《耕海牧渔》、第16课《家居新概念》	4
	7	我的天鹅朋友	第一单元《环境差异》第1课《枫叶红了》、第2课《大雁南飞》、第3课《一方水土养一方人》	6
我与社会	8	社会文明我来谈	《品德与社会》上册第一单元第2课《社会文明大家谈》	4
	9	社区居民休闲生活小调查	《品德与社会》上册第一单元第3课《健康文明的休闲生活》	6
我与世界	10	探访我们邻居	《品德与社会》上册第四单元《漫游世界》第1课《到周边去看看》、第2课《环球旅行去》、第3课《文化采风》	4
	11	告别我的小学生活	《品德与社会》下册第四单元第1课《我的成长足迹》、第2课《临别感言》	6

还有部分原课程不需整合,像《传统文化》第一单元《经典驿站》第1课《唐诗》、第2课《宋词》和单三单元《名人长廊》等以单独的课时实施,以保证原课程目标的达成。

第三节 主题课程内容体系的构建

课程整合后，我们建立基于国家课程又丰富于国家课程的课程体系，符合学生成长和发展的需要，有利于学生多方面素养的立体式发展，有利于教师实现教学使命。

以往的分科知识积累是比较丰富的。如整合前的《品德与社会》包含我在成长、我与家庭、我与学校、我与家乡（社区）、我是中国人、走进世界等内容；《安全教育》包含社会安全教育、公共卫生安全教育、意外伤害安全教育、网络与信息安全教育、自然灾害安全教育、校园安全教育等内容；《环境教育》包含欣赏自然美、保护自然、珍爱生命、崇尚自然简朴的生活、尊重不同文化习俗，等等。这些学科知识虽然丰富，但学生接受的知识却是碎片式的、零散的，缺少统整，难以形成结构，与学生既有的经验无法很好地衔接。

《品德与社会》与地方课程课程体系对比分析

学科	《品德与社会》	《安全教育》	《环境教育》	《传统文化》
课程内容	我在成长 我与家庭 我与学校 我与家长（社区） 我是中国人 走向世界等	自我保护 校园安全教育 食品安全教育 自然灾害安全教育 网络与信息安全教育 意外伤害安全教育 公共卫生安全教育等	欣赏自然美 保护自然 珍爱生命 崇尚自然简朴的生活 尊重不同文化习俗等	经典驿站 名人长廊 名胜佳境 艺术乐圈
体系特点	根据学生的身心发展特点及课程学科属性、学习规律，实现学科的逻辑顺序与学生的心理顺序统一。	这些学科知识虽然丰富，但学生接受的知识却是碎片式的、零散的、缺少统整，难以形成结构，与学生既有经验无法很好衔接。		

课程整合后，建立基于国家课程又丰富国家课程的课程体系，符合学生成长和发展的需要，有利于学生多方面素养的立体式发展。在研究的基础上，我们以国家课程《品德与社会》为主体，基于《品德与社会》的设计与实施，采用“一条主线，点面结合，综合交叉，螺旋上升”的建构方式，充分考虑各学科内容之间的内在逻辑关系，根据学生身心发展特点及课程学科属性、学习规律，运用迁移的方法，

使学生的心理顺序与学科的逻辑顺序统一起来，围绕人与自然、人与社会、人与自我三个维度组织主题内容，建构新的认知体系。引导学生通过与自己生活密切相关的社会环境、社会活动和社会关系的交互作用，不断丰富和发展自己的经验、情感、能力、知识，加深对自我、对他人、对社会的认识和理解，并在此基础上养成良好的行为习惯，形成基本的道德观、价值观和初步的道德判断能力，为他们成长为具备参与现代社会生活能力的社会主义合格公民奠定基础。

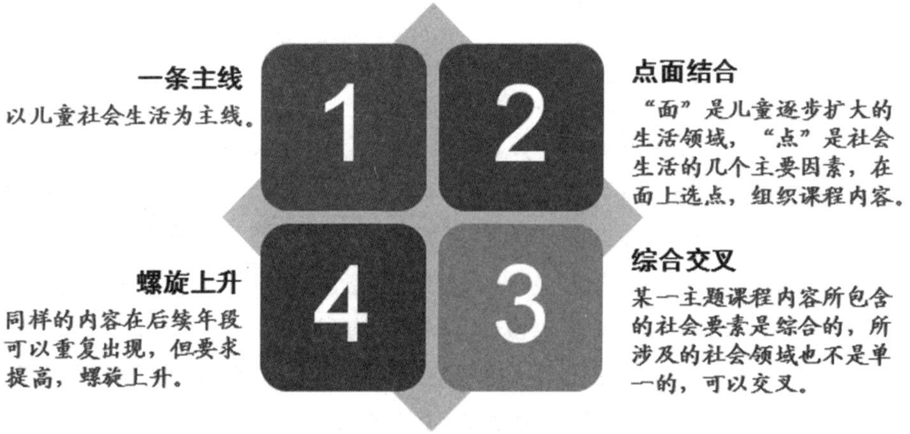

主题课程结构示意图

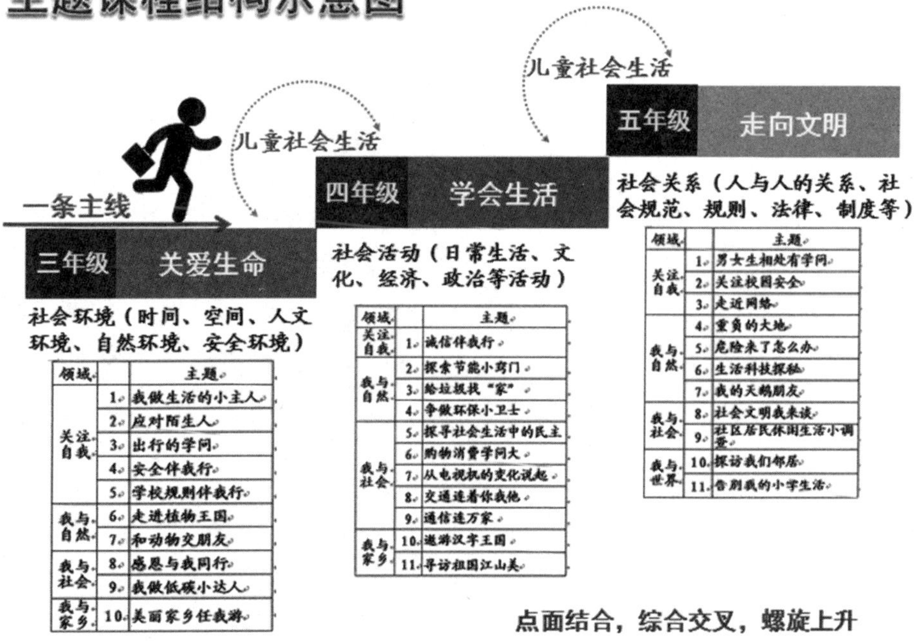

第四章

主题课程的课型、实施与评价

整合后的主题课程侧重于学生主体参与的体验、探究、交流研讨等实践性活动，以综合实践主题课的方式实施最具实效，主要包括方案制订课、方法指导课、亲历实践课、动手操作课、实验探究课、交流分享课等课型。多种课型的实施，充分保证了学生的主体参与地位。主题课程以研究性学习的活动方式为主，保证教学课时，配备知识面广、实践能力强的教师作为主题课程的指导教师，有效促进每一个学生的发展。同时，我们以主题课程目标及内容为依据，精心设计课程评价内容及方法，完善评价体系，提升主题课程的教学实效。

第一节　主题课程的课型

整合后的主题课程侧重于学生主体参与的体验、探究、交流研讨等实践性活动,以综合实践主题课的方式实施最具实效,落实课内指导和校外实践相结合的实施方式,切实保证课程目标的有效达成。

根据主题活动的目标和内容,我们努力创设主题活动模式,落实六种指导课型。通过方案制订课、方法指导课、亲历实践课、动手操作课、实验探究课、交流分享课等课型,切实保证教师对学生活动的有效指导。无论哪一种课型,其实施都必须引导学生经历完整的活动过程,既给予学生充分的探究时间与空间,又避免学生的活动流于形式,使主题学习不仅快乐有趣而且有意义、有价值。同时还引导学生通过五种活动方式,如围绕学生核心素养的提升,让学生完整经历调查研究与访问、实验研究与观察、项目设计与制作、文献收集与分析、社区服务与实践等五种基本的学习活动方式,以此来提高学生综合运用所学知识解决实际问题的能力。

以下所列举的六种课型,我们在选用时注意了扬长避短、凸显实践,切实让学生有所知、有所得、有所悟,真正做到"综合性、实践性、主体性、创造性"于一体,倡导教师在实施时创造性地选择用。

一、主题确立课

主题确立课就是在教师创设的情境中,让学生观察与思考生活背景中的现象与问题,收集与分析材料,通过自主思考提出自己感兴趣或关注的问题,然后由小组交流,全班集体汇总、归纳、整理后确立活动主题,学生围绕主题进行主题分解、组建活动小组的课型。这是一个主题活动的起始课,这节课的好坏将直接影响整个主题活动的开展。

主题确立课实施的一般流程:

环节一:创设情境,确立主题;

环节二:提出问题,全班交流;

环节三:整理问题,形成子课题;

环节四:选择研究子课题,初步制订研究方案。

教师要注意把研究的主动权还给学生，归纳出子课题后，让学生根据自身喜好自主选择课题，志趣相投者组成研究小组，确立小组队名，制定活动口号，并针对研究课题初步制订研究方案。

二、方案制订课

方案制订课顾名思义就是设计活动方案。适当的方案是成功的一半，精明的设计本身就是创新。拟定方案应兼顾活动资源分布与学生的爱好特长之间的关系。在结构上，一般包括活动名称、活动目标、实施过程、活动准备、时间安排、预期效果等；在形式表达上，一般可采用填表式、过程记录式、计划书式等。具体的设计要充分发扬民主精神，形成集体合力，应从内容到形式力求操作方便，便于调整，使其能服务于活动，指导于活动。

方案制订课的教学结构：

1. 选题分组：选题分组即根据能力、兴趣和爱好选择研究问题，自由组成小组，合理分工。

2. 明确要求：明确要求即指导学生活动方案撰写的要求、格式等，或提供可参考的活动方案。

3. 制订方案：制订方案即引导学生根据要求制订小组活动方案，也可以在课外先初步设计，课堂上再修改完善。

4. 汇报交流：汇报交流即各小组介绍活动方案，生生之间、师生之间互提意见。

5. 修改完善：修改完善即根据合理的意见和建议对小组活动方案进行修改补充。

6. 指导实践：指导实践即教师总结评价各组方案，有针对性地给予实践活动的重点指导。

三、方法指导课

方法指导课就是引导学生通过自主实践体验，探究掌握主题活动的各种活动方法，如学会探究、学会调查、学会总结交流、学会评价及反思等方法，它是主题活动的前提。方法指导课是有层次性的，年级不同，方法指导的难易程度和要求也不同。

方法指导课的教学结构：

1. 激疑导入，明确任务。教师通过图像直观、师生谈话等方式创设情境，让学生感受到自己对该种研究方法的了解不多、体验不深、使用不够规范、操作没有把握，感到对方法操作的疑惑，认识到方法学习的重要性，从而激发求知欲，激发起学习兴趣，明确本节课的学习任务。

2. 分组讨论，初步构想。当学生对方法操作有困惑、有需求时，教师不要急于"告诉"，不要直接将方法的使用说明和应用举例发给学生"模仿"，而是引导学生去讨论、探究、构想、总结，各组记录每种方法的讨论结果，形成初步操作方案。

3. 示范支持，对照修改。学生通过研究，形成了初步的操作方案，迫切需要获得教师或同学评判，需要获得参考，需要获得认同或论证。此刻，教师提供方法使用说明和应用举例，学生用"方法知识"检验自己，将方案与范例比较，及时纠偏、纠错，提高方案的科学性和可操作性。

4. 交流展示，师生点评。教师让各组学生通过实物投影的形式，分别交流展示本组研究制订的操作方案，让大家共享活动成果，在一些环节，教师可以组织小组之间、同学之间的对话、辩论等。同时，也鼓励教师和其他同学建言献策，提供修改的意见和建议。

5. 总结提升，修改完善。师生对全课进行总结，教师引导学生进一步理解所学方法的定义、使用功能、适用范围、操作步骤、注意事项等，使学生切实掌握每种方法的基本特征和操作要领，形成正确、全面的方法概念。同时能根据所提的意见和建议修改方案，将方法认识从感性经验层面提升到一般方法论的高度。

方法指导课实施的注意事项：

1. 创设丰富的情境，让学生在轻松愉悦的氛围中习得活动方法。

2. 学生通过自我思考、小组合作等方式，自主探究、掌握活动的各种方法。注意让学生亲身体验，主动获取知识，而不是教师单独呈现。

3. 教师要做好引领者，适时进行点拨，特别是探究方法中的重点难点，充分体现方法指导课的指导性。

4. 注重学生的实践体验，为学生提供模拟实践方法的舞台，在今后的活动中能够自如地运用所掌握的方法参与主题活动。

四、实践体验课

实践探究是主题学习的中心环节，它是在前面主题确立、方案制订、方法指导等做好充分准备的基础上有准备的实践探究活动。它带有明确的目标性、实践性、活动性、主题性、互动性、综合性、开放性和创新性。

它的实施要结合实践探究活动主题，以学生独立自主学习和合作讨论为前提，个人、小组或集体经历自主和合作设计、质疑、探究、讨论、体验、总结整理等过程，在感知、体验的基础上，将自己所学知识应用于解决实际问题的一种学习活动。通过实践探究学习、创设探究情境、明确探究目的、掌握探究方法、交流探究体验、总结探究结果等过程内化形成实践探究能力，而不是简单地通过讲授传达给学生。形式上可以是课堂上的实践探究和课外的实践探究等，短期探究、长期探究等。

实践体验课的课型结构：

1. 重温方案，明确任务；

2. 自主活动，实践体验；

3. 汇总反馈，应对新疑；

4. 即时评价，有效总结。

实践体验课实施的注意事项：

1. 做好实践探究的充分准备：明确目标、设计方案。（所有实践活动中需要准备的工具、资料、问题等都准备好）

2. 独立或小组进行的实践体验，要做好记录，留好相片、视频等资料。小组合作进行的探究要注意分好工、团结协作，随时交流实践体验活动内容和经验，随时改进和完善活动内容、形式等。

3. 实践活动后要进行分析、整理、总结和评价等活动，展示的内容可以是文本的感想、活动过程、资料剪贴、形成研究报告、图片、照片资料、活动过程剪影等多种多样的形式。

五、成果交流汇报课

成果展示课就是把主题活动前一阶段的活动情况进行总结、汇报和展示。要有显性的物化成果的交流，更要有隐性的体验过程、经验或教训的交流。对学生的可持续发展来讲，学生参与的实践过程的经历、体验的过程、获得的经验或教训，比学生活动后所取得的物化成果更重要。

成果交流汇报课教学结构：

1. 回顾活动，切入主题；

2. 成果展示，随机评价；

3. 综合评价，表彰奖励；

4. 总结归纳，拓展延伸。

第一步，学生简单汇报自己小组研究的活动主题，并说说选择本主题的原因。

其目的是给全班学生一个整体印象，增强目标的针对性。

第二步，学生分组汇报活动情况，在此环节中，首先教师要引导学生汇报活动过程，在学生汇报过程的同时，教师要引导学生将活动过程中的情感体验说出来。

第三步，教师组织生生之间的互动交流。学生分组汇报后，教师要给学生自由发言的机会，组织生生之间的互动交流。

第四步，引导学生发现生成的主题。教师在指导过程中，还要引导学生发现新生成的主题。

特别关注教学过程中的有效指导：教师在尊重学生自主性的同时，不能削弱教师的指导作用。

六、其他课型

主题课程的实施除主题确立课、方案制订课、方法指导课、探究体验课、成果汇报交流课外，还有设计制作课、阶段交流课、反思评价课等课型。

1. 设计制作课

教学结构：

一是交流认识，开阔视野。学生交流课前收集关于设计制作对象的相关知识，通过交流实现资源共享，开阔学生视野。

二是创意构思，动手实践。这是课堂中最重要的环节。学生在交流的基础上，开始构思和动手实践。

三是交流展示，评价反思。学生展示自己的成果，师生多元评价，引导学生学会反思。

四是修改完善，总结提升。学生在师生建议的基础上，进一步修改完善研究成果，进一步总结提升。

2. 阶段交流课

教学结构：

（1）回顾整理，汇报成果；

（2）归纳总结，点拨提升；

（3）交流质疑，解决问题；

（4）拓展延伸，完善方案。

在汇报成果时，教师要引导学生采用丰富多彩、动静结合的形式汇报前段活动成果，多层面、多角度地互动交流，在充分交流活动中获得的成功经验的过程中，提高解决问题的能力。面对活动中遇到的困难，教师要引导学生反思活动方法的不足,进行方法的指导,实现合理分工,培养学生的团结合作精神,同时下一阶段活动要做好充分准备。

3. 反思评价课

教学结构:

(1)谈话导入,引出课题;

(2)小组交流,畅谈收获;

(3)反思过程,认识不足;

(4)合作交流,生成问题;

(5)多元评价,激励探究。

第二节　主题课程的实施

主题课程以研究性学习的活动方式，结合学校的实际和学生年龄特点，开展主题式教学，有效促进每一个学生的发展。

一、主题课程的课时安排

主题课程的课时总数是在整合几个学科的基础上确定的，根据学校的实际情况，我们还将综合实践活动的课时也加了进来，于是三、四年级主题课程每周 7 课时，五年级主题课程 6 课时。我们对三至五年级课程方案进行了调整，采取“课时联排”的方式，将语、数、英、音、体、美等国家课程尽量安排在上午进行授课，品德与社会、综合实践活动、安全教育、环境教育的大部分课时集中联排，安排在下午。课时联排有效解决了活动间断的问题，保证了主题课程活动的连续性，使我们有更充足的时间落实活动、开展活动。

除了固定课时外，我们还将周末和课后的闲暇时间作为课外弹性课时，让学生带着课题走出课堂、走出校门开展活动。校内固定课时与校外弹性课时相结合，既保证了主题课程实施的完整性，又有效促进了学生自主学习的广度和深度。

在时间利用上，根据主题课程的特点，采用长短课时相结合的方式，灵活安排，做到集中使用与分散使用相结合。这样单课时可以主题生成、方法指导，双课时可以实践探究、成果展示，也可以是主题生成、方案制订连起来，给了任课教师灵活的空间，教师可以根据活动内容进行自由组合。

根据活动需要，或合堂上课，或分班进行，或小组分头活动，或个人独立研究与活动。整合后的课程实施，是有机融合而不是简单叠加。例如，三年级《出行的学问》这个主题整合了《品德与社会》下册的《马路不是游戏场》与《安全教育》中的《上学路上保安全》《安全标志要记牢》《卫生安全我做主》《安安全全去游玩》《我们的援助电话》。根据主题特点，活动主要分四个阶段：

第一阶段：选择主题，制定方案。师生利用 1 课时完成。

第二阶段：方法指导，实践研究。在第一课时的基础上，师生找出需要运用的方法和注意事项，进行 1 课时的指导课。第二天的主题课程联排课时中，教师可带领学生到现场调查或者借助校外指导教师的力量指导学生。这样，在实施过程中,连续排列的课时为活动提供了充足的时间,活动中出现的方法问题和实际问题,教师可以进行详细的指导帮助。

第三阶段:交流展示,拓展延伸。在学生充分准备的基础上,安排 2 课时完成,这样时间充足,所有小组活动能一次展示完毕。

第四阶段:反思评价,总结反馈。安排 1 课时完成。

这样,一个主题活动共用 7 或 8 课时完成,分散在一周或者两周内,高效利用联排课时开展活动。原来一周里综合实践、品德与社会、地方等课程共计 7 课时,课程整合后,一周大约用到 5 课时,节约出的其他课时保证了学生有更充足的学习、探究时间,确保教学目标的有效达成。

二、主题课程的教师配置

主题课程是跨学科的整合后的课程,这样对任课老师提出了更高的要求:知识面要广,实践能力强,能从多角度看问题,能够有效指导并鼓励学生自主探究,保证主题活动实施的各个环节都落到实处。

1. 专家引领

开展课程整合的研究,教师、专家、领导不可缺一。其中,教师是基础,专家是关键,领导是保证。近年来,我们多次聘请各级专家名师走进学校,对课程整合从宏观思考和微观操作上进行有针对性的指导,全面提高了我校教育科研的整体水平和教师的整体素质。

2. 建立教师梯队

新的课堂教学组织形式,对习惯于传统课堂教学的教师们来说的确是个挑战。在这样的课堂上,教师的权威地位被打破,教师讲学生听的模式被摒弃,教师需要组织学生活动、探究、实验、交流、汇报,需要协调各方面的关系,等等。这些都是新的时代、新的课程对教师提出的要求,是促进学生成长不可替代的方式。实验初期,教师一个人承担本班整套课程的开发、实施与评价,负担确实很大。于是,我们建立了三个梯队的指导教师:班主任、方法指导教师和校外指导教师。

我们充分发挥团队的合力,实施“底线 + 榜样”的管理方式,加强课程的实施与管理。具体为班主任老师是课程实施的主力军,一个年级即为一个指导团队。指导团队在学期主题确定好之后开展主题培训和研讨。班主任老师更新教学理念,根据自己对主题课的把握和提升情况,自愿申报、领取主题。底线是一个人至少负责一个主题的开发与设计,然后与团队其他成员共同分享。一个年级的各个班级同时开展一个主题活动。在实施过程中,团队成员共同反思、修改,明年此时再进行二次备课,不断完善主题资源包,形成经典主题。打造经典主题,实施团队指导,切实减轻了教师的负担。

3. 实施师资统筹

实施“课程整合”的另一大特点是实施师资统筹。这种“统筹”不是像学科课程那样——课程实施只是部分特定教师的责任,而课程整合是将学校全体教师都纳入主题课程指导教师的范畴,注重发挥每一名教师的工作积极性、专业特长和兴趣。例如,根据主题课程实施的阶段性和具体内容,有时聘请低年级老师作为活动方法类指导教师;有时聘请美术老师作为动手操作类指导教师;有时聘请大队辅导员作为校外实践体验类指导教师,等等。

4. 吸纳多方资源

围绕学生生活,以本学科的知识为主,尽可能去吸收与之相关的知识素材、背景或地方自然等资源进行整合,把它们作为教学资源的生成点,创造性地应用资源。

如开发家长资源,让热心家长参与学校管理,成为特色辅导教师。例如,“故事妈妈”进课堂、“爸爸俱乐部”走向大自然。我们的主题课程一部分延伸到节假日,也有时在校外集中开展。为了活动的实效性和安全性,充分利用家长资源及社区人才资源组建主题课程“教师指导团”,以学校教师为主,其他人员为辅,这成为课程实施有力的人力资源。

一方面需要给家长提供适当、有效的培训,这是家长参与和支持主题课程的前提。发放《家长资源情况调查表》,通过调查、统计、分析,建立家长资源库,成立以任课教师和家长代表为主的主题课程备课组。在活动中,很多家长纷纷成为真正的课程“参与者”,有的提供人员,有的提供交通工具,有的提供场地,有的提供知识技能,也有的提供资金等。

另一方面,充分开发社区资源,将周边博物馆、气象局、消防大队、检察院、法院、府新社区等单位作为我们的实践基地,定期开展实践活动,为孩子们研究“真”问题、开拓眼界、深入探究、愉悦体验等搭建广阔的舞台。

三、主题课程的组织形式与实施方式

什么样的方法最有利于学生掌握知识?使用什么样的方法学生学习效果最好?美国缅因州贝瑟尔国家培训中心实验室公布的学生在每种实验方法下,学习24小时后的平均保持率的结果,让我们震惊,让我们反思,更让我们警醒。

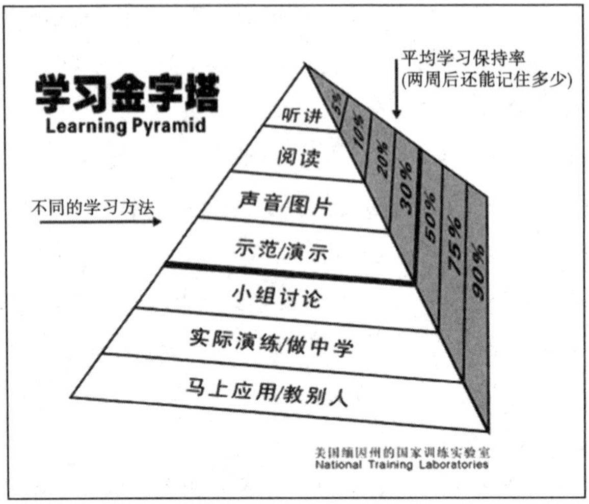

小组合作讨论、运用各种实践方法来获取信息、自主展示汇报和交流活动成果正是综合实践活动课程所倡导的学习方式。

当我们尊重了这一实验结论,尊重了“学习金字塔”所反映的客观事实,并用我们的教育行为来践行这一理论。我们有理由相信,学生提高的不仅是学习成绩,还有比这更重要的主动学习的态度、乐学爱学的精神、自尊自信的品格、品味成功的愉悦、个性潜能的开发……

1. 以综合实践活动为主进行课程实施

真正的学习取决于学生自己得到了什么,而不是教师教了什么。课程整合的本质是实现学生生活探究的常态化。整合后的主题课程侧重于学生主体参与的体验、探究、交流研讨等实践性活动,以综合实践主题课的方式实施最具实效。

综合实践主题方式

学习空间——体现课堂学习与课外学习的有机结合;

学习内容——体现自然、社会、人文领域与学科课程的综合;

学习方式——体现实践性学习、研究性学习、合作性学习、体验性学习等多种学习方式的综合,从而促进学生的知识、能力、人格的和谐发展。

通过落实课内指导和校外实践相结合的实施方式,教师们落实了六种课型:方案制订课、亲历实践课、交流分享课、动手操作课、方法指导课、实验探究课。每种课型都有较为完善的实施流程,适合不同的主题内容,并特别强调自主学习、动手操作和实验探究,这样不但能够保证原课程目标的扎实落实,还能在实施过程中生成新的拓展目标。我们打造“一题三段式”生活探究课堂，引导学生在主题的选择中，在方案制定阶段对问题假设与猜想中，在亲历实践阶段的观察、实验、分析、验证中，在交流分享阶段的对话和争论中建构知识，真正做到了让学生自主学习、合作学习、探究学习，使学习变得有趣、有用、有意义。

对于未整合的课程内容，如四年级《品德与社会》第一单元《诚信，走向生活的通行证》，五年级《环境教育》中的《枫叶红了》《大雁南飞》等，还有各个年级的《传统文化》中部分内容，实践性、开放性不是很强，可以按照课程原来的方式进行学习。还有部分整合内容是作为一课的拓展阅读材料使用的，教师可根据需要引导学生在课内外适时阅读，引导学生得出有价值的观点或结论，丰富学生阅读量，开阔知识面，提高自主学习的能力。

2. 活动形式多样性

学生是主题课程学习的主体，教师是活动的引领者。学生要形成问题意识，善于从日常生活中发现自己感兴趣的问题，善于选择自己感兴趣的主题。在研究阶段，可以采取多种多样的组织方式，可以采取个人独立探究的方式、小组合作探究的方式、班级合作探究的方式等。倡导亲身体验的学习方法，引导学生对自己感兴趣的课题持续、深入地探究，防止浅尝辄止。

教师要对学生的活动加以有效指导，为学生创设发现问题的情境，引导学生从问题情境中选择适合自己的探究课题，找到适合自己的学习方式和探究方式。也可与其他教师一起合作，共同指导学生的主题活动，充分体现师生双方在教学中的主动性和创造性。

在活动过程中，教师要增加学生的生活经验与认识，引导学生用多种感官去观察、体验，获得对自然、社会和自我的认识，体验研究学习的过程，形成科学的态度，养成良好品德，做到知行合一。在此基础上，引导学生在实践中发现、提出问题，进而解决问题，在亲身参与中，逐步形成创新精神。

3. 教学时空开放性

主题课程打破了学校、教室的束缚，把校内课程与校外课程资源整合起来，把正规教育融合起来，将课内学习延伸至其他学科的学习或校内外其他活动中，利用双休日、节假日等开展主题活动，提高教学的实效性。

我们既利用校内的图书馆、运动场、实验室等地方开展主题活动，也利用丰富多彩的校外课程资源，如植物园、博物馆、海洋文化馆等基地进行主题活动。教师与家委会联合，根据实际条件，就地取材，引导学生适时地开展考察、调查、采访、实践等活动，拉近学生与社会的距离，为融入社会打下基础。

小学阶段注重从学生的实际生活出发挖掘教学资源，具有综合性、实践性和活动性等特点，各学科传授的都是最基础的学科常识，重在培养学生的探究兴趣，并没有高深的学科专业知识，有生活经验、学历达标的教师都能胜任。但是新的课堂教学组织形式，对习惯于传统课堂教学的教师来说是个挑战。在这样的课堂上，教师的权威地位被打破，教师讲学生听的模式被摒弃，教师需要组织学生活动、探究、实验、交流、汇报，需要协调各方面的关系，等等。这些都是新的时代、新的课程对教师提出的要求，是促进学生成长不可替代的方式。主题课程能够引领教师先行一步，尽快转变教学方式。

同时，研究之初采用灵活多样的课程实施方式，满足了学生的学习需要，降低了教师的研究难度，确保了课程整合的质量和实效。

第三节　主题课程的评价

课程评价是主题课程实施的重要组成部分。建立关注学生学习过程的监督评价机制,是保障课程整合工作真正落实的必要途径。《基础教育课程改革纲要》指出:要建立促进学生发展的评价体系,要发现和发展学生多方面的潜能,帮助学生认识自我、建立自信。发挥评价的教育功能,促使学生在原有水平上的发展。因此,我们以主题课程目标及内容为依据,精心设计了评价的内容及方法,形成了比较完善的评价体系。

一、主题课程评价的原则

主题课程的评价遵循三个原则:

1. 注重整体评价。一方面,注重对学生活动的各个环节进行综合评价,将学生在主题课程活动中的各种表现和活动产品(如研究报告、作品等)作为评价学生发展状况的依据;另一方面,强调把评价作为师生共同学习的机会。

2. 突出多元评价。具体表现为评价主体多元、评价标准灵活、评价方式多样。

3. 关注过程,兼顾结果。关注学生通过自主探索培养终身发展的能力,是我们所开发主题课程实施的根本目标所在。

二、主题课程评价的内容及方法

1. 评价内容

主题课程评价内容主要根据《主题课程实施指导纲要》的总目标来确定,主要从学生是否积极参与,活动过程中是否认真,学生是否学到了基础知识和基本技能,以及创新精神和实践能力是否得到培养等方面来进行评价。

学校的主题课程以“人的成长”为关注核心,重点突出了对学生“全人”的培养。指导学生通过基于现实生活的主题式学习研究,增强体质,形成认知;引领学生通过动手操作和实验探究,提高解决问题的能力、探究能力和创新意识,培养会沟通、善合作、巧实践、乐创造等核心素养;引领学生在体验经历中,热爱大自然,增强社会责任感,学会生存,学会做人,学会合作,学会学习。

2. 评价方法

体现学校“测试是学生的一个再学习过程,更是学生新的生长点”的思想,主要从三个方面来进行评价:结合日常学习,评价学习的主动性;结合学习效果,评价学习的有效性;创设活动情境,评价学生的创造性。

(1)制定评价表,落实课程目标的有效达成。主要通过观察、记录和描述学生在活动过程中的表现,运用谈话、讨论、成果展示、辩论会和成长记录袋的方法对学生的表现进行评价。关注学生学习研究的过程和方法,关注学生的情感、态度和价值观,关注学生实践能力和创新精神的评价以及良好行为习惯的养成,关注学生的成长过程、个体差异和自我反思。评价采取学生自评、生生互评、教师评价、家长评价等多种方式来实施。

(2)建立学生成长档案袋,记录成长的足迹。档案袋评价法是在 20 世纪 80 年代西方中小学评价改革运动中形成和发展起来的一种新的质性评价方式。建立成长档案袋可以引导学生以赏识的目光看待自己的进步,以虚心的态度对待自己的不足,以务实的精神设计自己的未来。

我们主张采用“自我参照”标准,引导学生对自己在综合实践活动中的各种表现进行“自我反思性评价”,强调师生之间、学生同伴之间对彼此的个性化的表现进行评定、进行鉴赏。

我们的档案袋评价具有以下特点。

一是注重过程性评价与终结性的统一。既强调了每个活动主题的过程性,又体现了整个学期活动的过程性;既强调了每个活动主题的终结性,又体现了整个学期活动的终结性。

二是注重描述性评价和等级性评价的统一。既让学生明确自己的活动总体状况,又让学生明白自己的优点和不足,引导学生学会反思。

三是注重评价主体的多元性和评价内容的多样性。评价主体有教师、小组成员、学生本人、家长等;评价内容包括学生活动准备阶段、实施阶段和成果展示阶段的所有成果。

放入“成长档案袋”的四方面材料。

(1)活动准备阶段的材料。课题的选择、作用、可行性报告、计划、方案的设计等。

(2)活动实施过程的材料。如调查记录、观察记录、实验过程、实验现象、收集整理的资料、设计或制作的作品、体会与反思记录、实施过程中发现的新问题及采取的方法措施等。

(3)活动总结交流阶段的材料。如小论文、调查报告、实验报告、实践报告、活动记录、体会、反思、设计的作品、照片、录音、录像、绘画、实物模型或小制作、手抄报等。

(4)活动的总结和评价方面的材料。可以是个人评价,也可以是同学评价、小组评价,还包括教师评价或家长评价等。

作为一种价值判断,学习习惯评价方案的制订、评价指标和评价内容的确定直接影响着学生良好习惯的培养。我们呼唤一种"对话、交流、沟通"的评价方式,持一种动态的态度,不单独看一时的表现,而是对他的过去清零,做适时的后续跟踪,关注学生养成良好学习习惯的过程,发现和发展学生多方面的潜能,了解学生在发展中的需求,帮助学生认识自我,建立自信心,发挥评价的教育功能,力求体现评价的全面性、公正性和客观性。

3. 评价结果

《主题活动星级评价表》的评定结果要适时纳入班级学生"好习惯银行卡"评价体系中,每周一汇总,每月一表彰,引导学生争做爱学习、会合作、乐探究的"好习惯小明星"。根据学生表现赋予的储蓄币,可以进行财富积累,也可以申请贷款为自己的不良行为买单,最终根据结余情况,完成一个微心愿,还可申请阳光志愿者职务等,提升正念,激励自己不断成长。

通过较合理的发展性评价,使学生获得丰富的情感体验,他们能得出有价值的观点或结论,形成积极的生活态度,培养良好的学习习惯,提高综合能力。

三、主题课程评价应注意的问题

1. 注重主题课程实施的过程性。课程指导教师要重视对学生活动过程的评价,只要学生经历活动过程,对自然、社会和自我形成了一定的认识,获得了实际的体验和经验,就应给予积极的评价。要重视学生在活动过程中获得的宝贵经验的发展价值,通过肯定其活动价值,营造体验成功的情境。

2. 尊重主题课程实施的多元性。主题课程活动的评价要鼓励并尊重小学生极富个性的自我表达方式:演讲、绘画、写作、表演、制作等。在教师对活动做出评价的同时,通过讨论、协商、交流等方式引导小学生进行自我评价、相互评价。教师在评价中要肯定学生与世界交往的多元方式,不仅允许学生对问题的解决可以有不同的方案,而且表现自己所学的形式也可以丰富多样。

3. 关注学生的学习态度。主要为情感、态度、价值观方面,即学生的参与态度。它可以通过学生在主题课程活动过程中的许多外显行为表现出来,如是否认真参加课题组活动，努力完成自己所承担的任务，做好资料的积累和分析处理工作，主动提出活动设想、建议，在学习中不怕困难和辛苦；是否乐于帮助同学、主动和同学配合、认真倾听同学的观点和意见等。

4. 重视学生的合作精神。主要对学生在参与小组及班级活动中的合作态度和行为表现进行评价。如学生是否能积极参与小组活动，主动帮助别人和寻求别人的帮助，认真倾听同学的意见，乐于和别人一起分享成果，在小组中主动发挥自己的作用等。

5. 注重学生的探究精神和学习能力。教师可通过对学生在提出问题、解决问题过程中的表现及其对探究结果的表达来评价。如是否敢于提出问题，以独特和新颖的方式着手解决问题和表达自己的学习结果；是否善于观察记录、能够综合运用相关的资料、积极采用多种多样的方法、生动形象地表达自己的学习过程与结果等。

第五章

主题课程资源包

国家教材和地方教材是经过审议的，凝聚着很多专家和优秀中小学教师的智慧，是经过精心筛选了的课程资源，也是我们课程整合最主要的内容。我们组织教师全面研读了教材，达成了“重视教材、吃透教材、不唯教材、整合教材、超越教材”的共识。正是基于这样的认识，基于问题与实践经验，我们以学生发展为中心，以实践为载体，以方法为要素，充分考虑了学生身边的生活资源，考虑了课程对本校的适应性和对学生的适应性，联系学生的生活及经验，选取内涵最贴切、学生最感兴趣的主题，与目标、内容一起组成主题模块，如《和规则交朋友》《争做低碳小达人》《校园自护 ABC》等，拉近了课程与学生的距离。由于主题的选择是建立在学生的认知水平和兴趣之上，学生在学习过程中，可以借助于信息技术等媒体顺利地进行自主学习。相对于传统的学习方法，主题学习无论是在学习内容上还是在学习方法上都具有突出的优势。

主题课程的实施离不开活动方案的设计，方案设计是落实课程目标的前提，是每一位指导教师的必备技能。我们在专家指导下编写了“主题课程资源包”，主要从主题名称、整合资源、主题说明、主题目标、主题架构、分阶段教学设计、资源开发等方面，着力设计并建构了每个主题活动，突出体现了开放性、生成性、实践性、自主性等特性。“资源包”也不是严格意义上的教材，而是我们这些研究者实施整合后的主题课程的教学设计，是给任课教师和学生提供的必要资源支持，是对活动前瞻性的预想和设计。

三年级主题课程资源

关注自我

主题一　我做生活小主人

活动目标

1. 初步学会调查，培养主动收集、处理信息的能力。

2. 尝试当家，体会父母每天为生活操劳的辛苦，帮父母做力所能及的事，真正成为生活的小主人。

3. 培养学生遇事沉着、冷静、积极思考的习惯，学会与人交流、合作，做到灵活、机智地解决问题。

设计构想

1. 本单元围绕“我是生活的小主人”这一主题组织活动内容，从学生自己的生活入手，说明研究的步骤与方法，帮助同学们打开探索之门。指导学生通过观察、思考、探究等亲身体验的方式，了解“生活”，不仅包括学校内的学习，还包括家庭、社会各种生活和学习活动；学习内容不仅有知识，还有能力和道德品质。让学生初步感受我们的社会是个学习化的社会，学习已成为每个人终身的事情。

2. 本单元为同学们准备了两个参考主题供大家选择研究。项目设计从与学生生活联系最密切的内容入手，以“我是生活小主人”主题为例，说明研究的步骤与方法，帮助同学们打开探索之门。指导学生通过观察、思考、探究等亲身体验的方式，了解怎样做生活的小主人，进而学会做学习的小主人。

参考主题

1. 做生活的小主人。

2. 做学习的小主人。

实践方式

网络查询、实地考察、调查采访、问卷调查、设计制作、宣传倡议等

整合学科

三年级《品德与社会》上册第三单元《我在生活中长大》第1课《我成长我快乐》、第2课《做生活的小主人》

课时建议

5—6 课时。

我是生活的小主人

同学们,我们已经成为三年级的小学生了,在生活中,你能做到自己的事情自己做、家里的事情帮着做、不会的事情学着做吗？我们已经长大了,理应成为生活的小主人。今天,就让我们一起走进本期的综合实践活动——我是生活的小主人,体验做生活小主人的乐趣吧!

问题与思考

我的问题

1. ________________

2. ________________

3. ________________

……

实践与体验

活动 1:生活技能小调查

同学们,你的头发谁来梳？你的床铺谁来整理？你的书包是自己整理吗？你收拾过自己的房间吗？你会做饭吗？在生活中,你一定学会了许多本领,请根据实际情况填写下面的表格。

“生活技能”小调查

我的生活技能	我是这样学会的

活动2:“学会整理”我体验

同学们,你会整理自己的学习用品吗?你会整理自己的房间吗?

● 课桌、写字台要整洁。上课时,课本、作业本应放在课桌的左(右)上角,文具要放在文具盒中,家中的写字台物品摆放也要有序、整洁,书包也要整理得干净整齐。

● 房间是人们生活的地方。整齐、清洁的房间让人心情舒畅,你会整理房间吗?

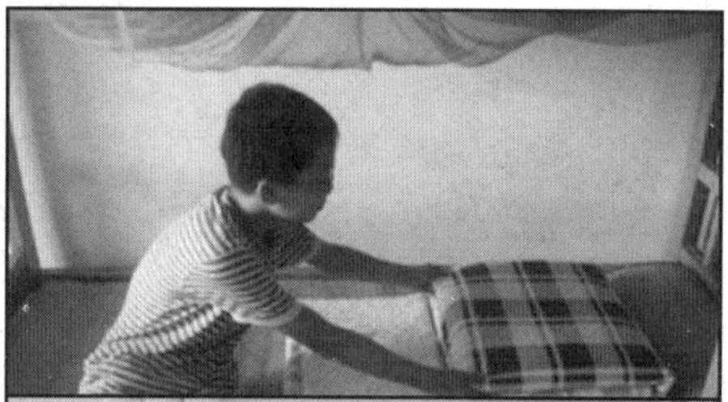

1. 整理床铺。每天清晨起床,将被子叠整齐,把床单平整好,把床单清扫干净,然后将被子、枕头摆放好。

2. 摆放物品。家中的物品摆放要美观、有序,衣物放在衣柜中,书籍、文具放在书柜中、写字台上,鞋子放在鞋架上。要想让家中整洁有序,用过的物品就要放回原处,不要随意乱放。

3. 学会清扫。扫地要按照一个方向,依次向前扫,尤其要注意清扫角落。拖地最好用半湿的拖把,一边倒退一边拖。拖把用完后要及时冲洗干净,放在通风处晾干,并摆放整齐。桌面等家具也要时常擦拭,用半湿的抹布从一边擦到另一边。

你还有更好的整理房间的方法和技巧吗？

____

同学们，学会整理仅仅是做生活小主人的一部分，要想做生活小主人必须学会更多本领，例如买菜、做饭、洗衣等。下面，让我们走进“小鬼当家”活动，感受当家的感觉吧！计划是活动实施的保障，让我们先来制订自己的活动方案。每个小组先推选出自己的组长，然后组织组员讨论分工和活动步骤，注意将讨论结果记录下来哟！

“小鬼当家”活动方案

活动主题			指导教师	
姓名			地 点	
活动目标				
活动内容与步骤	时间	方法	活动内容	成果形式
活动 1：				
活动 2：				
活动 3：				
……				

好了，同学们，我们的小鬼当家活动开始了，请大家注意将自己在活动中的表现记录在下面的表格中。

“小鬼当家”活动记录

时间	地点	活动内容	当家感想和收获

活动 3：生活技能大比拼

同学们，自活动开展以来，你在生活中一定学会了不少生活技能，现在，我们就来展示一下吧！大家可以用图片的方式进行展示，也可以将自己的生活技能录制成视频进行播放，我们还可以组织生活技能大比拼进行现场比武。

资料在线

小学生必备的生活小技能

1. 会洗脸、洗脚、洗头、洗澡。
2. 会穿、脱衣服，系鞋带，系红领巾，整理书包、文具、玩具。
3. 会洗手帕、袜子、红领巾，会洗背心、短裤，会洗单衣、缝纽扣、叠衣被。
4. 会热饭菜、烧开水、煮面条、煮饭，会做简单的菜、汤。
5. 会游泳或骑自行车，会1~2项体育运动项目并坚持训练。
6. 会扫地、擦桌子、擦门窗，会洗碗、淘米、洗蔬菜。
7. 遇到不安全情境会主动避让，能勇敢、机智地摆脱坏人的纠缠，遇意外、危急事件会打“119”“110”“120”等救护电话或向他人求救。
8. 会协助父母接待客人，会取放小物品。
9. 能力所能及地帮助他人办事，会给他人引路或解答简单的询问。
10. 在公共场所能为老、弱、病、残人士做一些服务性的事情。

总结与交流

通过这次实践活动，你有哪些新的认识？

我的收获：______________________________

我的研究方法：____________________________

下次活动中我要注意的问题：______________________

我还想研究

关注自我

主题二　应对陌生人

活动目标

1. 增强自我保护意识,懂得如何与陌生人交往。

2. 增强社会体验,培养辨析能力和随机应变的能力。

3. 与陌生人打交道时,做到既礼貌大方,又不受到意外伤害。

设计构想

1. 本单元围绕“珍爱生命”这一主题组织活动内容,从与陌生人打交道方面着手,重点让学生知道生活中的陌生人存在一定的危险性,学会识别身边的骗子,让学生从生活中的小事来认识和关注社会问题,树立自我保护意识,学会保护自己。

2. 本单元为同学们准备了三个参考主题,供同学们选择研究。本主题项目设计从学生生活联系最密切的安全入手,以“与陌生人打交道”主题为例,说明研究的步骤与方法,帮助同学们打开探索之门。指导学生通过观察、思考、探究等亲身体验的方式,了解与陌生人打交道的安全隐患,学会与陌生人打交道的方法,最终达到知、情、意、行的和谐统一。

参考主题

1. 应对陌生人

2. 家庭安全隐患小调查

3. 校园楼梯安全行走

实践方式

网络收集整理、调查采访等

整合学科

《品德与社会》第一单元《珍爱生命》第1课《美丽的生命》、第2课《我们的安全》、第3课《安全的生活》,四年级《安全教育》第2课《提防可疑的陌生人》

课时建议

5—6课时。

应对陌生人

同学们,你们知道吗?我们经常会与陌生人打交道:走在路上,可能有人向你问路;在公共场所,可能有陌生人主动和你说话……当我们与陌生人打交道的时候,怎样做到既热情大方、懂礼貌又能保护自己、防止上当受骗呢?

问题与思考

我的问题

1. ______________________________
2. ______________________________
3. ______________________________

……

方案与设计

古人说:“凡事预则立,不预则废。”做事有了目标和计划才能事半功倍。确定了感兴趣和需要研究的问题,接下来就需要分小组制订一个活动方案啦!我们一起来讨论交流研究哪些内容、小组成员怎样分工更合理、先做什么、再做什么。方案做好了,行动起来才有目标,做起事来更有条理。

（　　　）小组活动方案

活动主题			指导教师	
小组成员			组长	
活动目标				
活动内容与步骤	时间	方法	人员分工	成果形式
活动1	第一周	查阅资料		文献整理
活动2	第二周	调查		手抄报
活动3	第三周			倡议书

实践与体验

活动1:陌生人敲门怎么办

我会调查:

同学们,你独自在家时,遇到过陌生人敲门吗?你是怎样做的?请大家填写下表,然后集体交流一下。

“与陌生人打交道”调查表

调查时间	调查地点	情景描述

调查结束后,统计调查数据,我们发现,陌生人何时何地最容易与小学生打交道?你会发现什么?

我会收集与整理:

收集与整理资料是我们获取信息的重要渠道,感兴趣的同学还可以通过网络资源收集一些小学生被陌生人欺骗的资料,你一定会收获多多。

“被陌生人欺骗”资料整理

陌生人欺骗方式	被骗原因分析

由此,我懂得了________________________________。

我的妙方

妙方一：________________

妙方二：________________

……

活动2:陌生人问路怎么做?

同学们,你有没有遇到过陌生人问路的情形?你是怎样做的?请大家讲述一下或者表演一下吧!

在我们的生活中,身边会有很多陌生人,我们要练就一双慧眼,要善于观察和发现,仔细分辨陌生人言语的真假,对于确实需要我们帮助的陌生人,我们要在保证自己安全的前提下进行帮助,对于不怀好意的陌生人一定要当心!

活动3:怎样摆脱陌生人追踪

如果遇到陌生人的纠缠,我们要学会摆脱纠缠,保护自己。那么,如何摆脱陌生人的追踪呢?

我有好办法:

____

____

____

小博士

- 不要留在特定时间人迹较少的地方，如公园、树林、停车场、校园或其他地方。
- 永远不要跟陌生人走，不管他说什么。
- 陌生人给的食物不吃也不要，陌生人触摸和拽拉自己时，要马上躲开，并要往人多的地方跑去。
- 独自在家时，永远不要随便开门，而且也不要让来访者知道你一个人在家，即使有紧急情况也不要开门，要打电话向父母或警察求助。

总结与交流

通过这次实践活动，你对与陌生人交往有了哪些新的认识？

我的研究方法：________________

我的收获：________________

我的经验教训：________________

下次活动中我要注意的问题：________________

我还想研究

在实践探究的过程中，你肯定又产生了一些感兴趣的问题，大胆地提出来并想办法去解决。

关注自我

主题三　出行的学问

活动目标

1. 能利用交通图选择比较简单的出行路线，知道出行时怎样选择合适的交通方式。

2. 知道乘车时要注意的安全和礼貌。

3. 知道问路的基本礼貌和注意事项。

设计构想

1. 随着现代社会的发展，人们出行越来越频繁，人们会借助更多的路线图和平面图来认路、寻路，这可以说是现代人应当具备的基本生活技能。本单元围绕“出行的学问”这一主题组织活动内容。

2. 本单元为同学们准备了三个参考主题，供同学们选择研究。本主题项目设计从学生生活联系最密切的安全入手，以“出行学问大”主题为例，说明研究的步骤与方法，帮助同学们打开探索之门；指导学生通过观察、思考、探究等亲身体验的方式，了解出行的方式和方法，学会安全出行，最终达到知、情、意、行的和谐统一。

参考主题

1. 出行学问大

2. 我会安全出行

3. 寻路和行路

实践方式

网络收集整理、调查采访等

整合学科

《品德与社会》第三单元《出行的学问》第 1 课《学看平面图》、第 2 课《校外探路》、第 3 课《寻路和行路》

课时建议

5—6 课时

出行的学问

同学们，我们经常出行，从家里到学校，随父母到超市或商场，去公园游玩，这都是出行。那么，我们出行时是怎样寻路的呢？行路时应该注意什么问题呢？

问题与思考

我的问题

1. ______________________________

2. ______________________________

3. ______________________________

……

方案与设计

古人说："凡事预则立，不预则废。"做事有了目标和计划才能事半功倍。确定了感兴趣和需要研究的问题，接下来就需要分小组制订一个活动方案啦！我们一起来讨论交流研究哪些内容、小组成员怎样分工更合理、先做什么、再做什么。方案做好了，行动起来才有目标，做起事来更有条理。

（　　　）小组活动方案

活动主题			指导教师	
小组成员			组长	
活动目标				
活动内容与步骤	时间	方法	人员分工	成果形式
活动1	第一周	查阅资料		文献整理
活动2	第二周	调查		手抄报
活动3	第三周			倡议书

实践与体验

活动1：我们是小小考察员

我会调查：

同学们,出行时我们应该乘坐什么交通工具呢?请按照调查表到学校或自家附近找一找、看一看,了解本地主要的交通工具和各路车可以到达什么地方,并填在表上。

“本地出行方式”调查表

交通工具	交通路线	起始站	经过的部分站	终点站

调查结束后,统计调查数据,通过观察小学生在本地的出行方式,你会发现什么?

我会收集与整理:

收集与整理资料是我们获取信息的重要渠道,感兴趣的同学还可以通过网络资源收集一下你想去旅游的城市的出行方式,你一定会收获多多。

“外出旅行方式”资料整理

旅游的城市	交通工具	交通路线

由此,我懂得了________________________________

活动2:安全出行学问大

同学们,你还有哪些好的建议呢?

我的建议：

____

____

____

小博士

安全乘车小知识

- 按先后顺序排队上车，不要拥挤。
- 上车后往里走，站在门口不安全。
- 不要将头、手伸出窗外，不要向车内、车外扔杂物。
- 遇到老人和抱小孩的乘客要让座。
- 下车时等车挺稳了再下，等车门开了，观察一下车旁有无其他车，以防撞倒。

总结与交流

通过这次实践活动,你对出行有了哪些新的认识?

我的收获：______________________________

我的研究方法：______________________________

下次活动中我要注意的问题：______________________________

我还想研究

在实践探究的过程中,你肯定又产生了一些感兴趣的问题,大胆地提出来并想办法去解决。

关注自我

主题四　安全伴我行

活动目标

1. 学会收集和筛选资料，确立研究的主题，运用调查、采访、探究、归纳等方式分析问题产生的原因，分析、思考如何改变现状。

2. 在活动中学会观察本地的交通现状，调查交流、分析研究交通事故的事例及原因，初步懂得交通法则对于社会公共生活的重要意义，了解有关交通的常识。

3. 通过开展各项活动，引导学生初步具有归纳能力和调查、访问及获取信息的能力。

设计构想

1. 本单元围绕“出行安全”这一主题组织活动内容，以儿童熟悉的生活为基本内容，让学生了解识路、认路、行路的基本技能，并了解行路安全常识和一些交通规则。通过对平面图、路线图的研究，引导学生在对学校和家庭周边环境的认识中，学会认路和寻路。在活动中，引导学生具备乘车、坐船的基本常识和技能，并掌握相应的安全意识。

2. 本单元为同学们准备了五个参考主题，供同学们选择研究。项目设计从儿童所熟悉的生活入手，以“马路不是游戏场”主题为例，说明研究的步骤与方法，帮助同学们打开探索之门。指导学生通过观察、思考、探究等亲身体验的方式，了解科技给我们生活带来的变化，最终达到知、情、意、行的和谐统一。

参考主题

1. 马路不是游戏场（上学路上）
2. 安全标志要记牢
3. 卫生安全我做主
4. 安安全全去游玩
5. 我们的援助电话

实践方式

网络查询、实地考察、调查采访、问卷调查、设计制作、实践体验、宣传倡议、志愿服务等

整合学科

三年级《品德与社会》下册第三单元《出行的学问》第4课《马路不是游戏场》，三年级《安全教育》第1课《上学路上保安全》、第2课《安全标志要记牢》、第

3 课《卫生安全我做主》、第 6 课《安安全全去游玩》、第 7 课《我们的援助电话》

课时建议

5—6 课时

安全伴我行

同学们，大家每天是怎么来到学校的？无论我们是乘车还是步行，我们都想方便、快捷、安全地到达学校。我们每天走在马路上，每当我们上学时，家人总要叮嘱一句："路上注意安全。"这是为什么呢？来往的车辆很多，今天我们一起来研究与交通安全有关的问题。

问题与思考

我的问题

1. ______
2. ______
3. ______

……

方案与设计

同学们，我们确定了研究主题，接下来我们就分成四个研究小组，每个小组进行分工，组长记录一下小组的活动方案。

（　　　）小组"马路不是游戏场"活动方案

活动主题			指导教师	
小组成员			组长	
活动目标				
活动内容与步骤	时间	方法	人员分工	成果形式

续表

活动 1：				
活动 2：				
活动 3：				

实践与体验

活动 1：交通安全意识小调查

同学们，交通安全与我们的生活息息相关，我们每天上学、放学都走在马路上，来往的车辆特别多，马路可不是游戏场，我们一定要注意交通安全。同学们有没有交通安全意识呢？咱们采访一下身边的好朋友来，做一个“小学生交通安全意识”的小调查吧。

“小学生交通安全意识”调查表

采访对象：(　　　)

问题	选项
1. 你知道多少交通安全规则？	○一点不知道　○一点　○很多 ○完全知道
2. 你从哪里学到的交通安全知识？	○家长　○学校里　○电视上 ○其他人
3. 你在哪个年龄阶段中？	○7～11 岁　○11～15 岁
4. 你在马路上骑过自行车吗？	○骑过　○没骑过
5. 当你过人行道时，这时是红灯，但是看到周围没车，你会怎么办？	○等绿灯亮　○没车就走　○不确定
6. 有隔离设施的路段，你是否会为了方便而跨越呢？	○不是　○是
7. 在过马路时你是否走斑马线？	○偶尔走　○经常走　○很少走
8. 你在回家的路上有过或者看见过别的小朋友边走路边看书吗？	○经常　○偶尔　○从不
9. 你在马路上放过风筝、踢球、做过游戏吗？	○经常　○偶尔　○从不
10. 你的三四个好朋友一起拉横排回家，这时他们也叫上你了，你会和他们一起吗？	○会　○不会
11. 假如马路的对面有人向你打招呼，你会跑着去找他吗？	○会　○不会

活动2:交通安全规则收集行动

同学们,只掌握交通安全意识还不够,为了保障行人和车辆的安全,国家和各地方制定了相应的交通规则。我们去看一看、查一查、访一访与我们小学生有关的交通规则有哪些,好吗?

“小学生交通规则”收集表

具体地点	相关规则
1. 人行横道	
2. 人行天桥	
3. 道路与交通信号	
4. 道路交通隔离设施	
5. 在放学和集体外出时应怎样做?	
6. 文明乘车守秩序	
……	

了解交通安全标志也是遵守交通规则必不可少的方面,哪位同学交流一下,你收集了哪些交通安全标志?它们各代表什么意义?

下图中谁遵守了交通规则,谁违反了交通规则,你能找到吗?

活动3:“交通知识”擂台赛

同学们,有了交通规则,还需要大家自觉遵守。随着社会的进步,交通方式也在不断发展,现代化交通给人们出行带来了便利,同时也向我们提出更高的要求。相信通过刚才的活动,大家了解了很多有关行路、乘车等方面的交通规则和安全常识,对交通安全标志也有了一定的了解。我们来进行一次交通安全知识擂台赛吧!

男、女生各成一组,每组准备十道考题,考一考其他组的同学,答对加十分,答错扣十分,看看哪组得分最多。

“交通知识”擂台赛

男队:

1. 每年全国中小学生“安全教育日”确定为3月的__________。
2. 在没有人行道的郊区公路上,下车横过道路时,应从车的哪个方向走?
3. 过马路时应该先看左边,走到路中央时再看右边,这种说法对吗?

……

女队:

1. 乘坐轿车时从哪边下车最安全?
2. 全国统一规定的交通事故报警电话是什么?
3. 少年儿童几岁以上可以骑自行车上街?

……

辩论总结

男队得分:____

女队得分:____

比赛结果:____

大家准备得都很充分,对交通规则以及交通标志的相关知识掌握得都很全面,我们不仅要了解这些,更重要的是在平时的日常生活中要严格按照规则去做,希望大家都能成为遵守交通规则的小标兵。

活动4:制作交通安全倡议书

同学们,大家对交通规则、安全常识以及交通安全标志有了很深的了解,交通规则需要大家自觉遵守。遵守交通规则应该从我们自身做起,从身边的小事做起,让我们用自己了解到的知识,写一份“交通安全倡议书”吧！希望看了我们的倡议书,有更多的同学、家长加入我们的队伍,人人都能成为遵守交通规则的小标兵。

小博士

倡议书的格式

倡议书一般由标题、称呼、正文、结尾、落款五部分组成。

标题：一般由文种名单独组成，即在第一行正中用较大的字体写 “倡议书” 三个字。

称呼：一般顶格写在第二行开头。

正文：一般在第三行空两格写正文 。倡议书的内容需包括以下一些方面：1.写明倡议书的背景原因和目的； 2.写明倡议的具体内容和要求。

结尾：要表示倡议者的决心和希望或者写出某种建议。

落款：即在右下方写明倡议者单位、集体或个人的名称或姓名，写上发起日期。

总结与交流

通过这次实践活动,你有了哪些新的认识?

我的收获:____________________

我的研究方法:____________________

下次活动中我要注意的问题:____________________

我还想研究

关注自我

主题五 学校规则伴我行

活动目标

1. 围绕研究主题和内容,运用调查、采访等方法收集资料,分析问题,解决问题。

2. 通过调查、采访,了解生活中的规则,明白生活处处有规则,懂得自觉遵守规则的重要性。

3. 从自身做起,自觉遵守规则,并能引领带动小伙伴一同来遵守规则,争做文明小公民。

设计构想

1. 本单元围绕"我和规则交朋友"这一主题组织活动内容,让学生通过观察、了解感受到规则与生活的关系,通过探索、实践活动让学生体验感悟生活必须有规则,规则对于我们的社会生活很重要,从而使学生把自觉遵守规则内化为自身的需求,养成自觉遵守规则的习惯。

2. 本单元为同学们准备了三个参考主题,供大家选择研究。项目设计从与学生生活联系最密切的"学校规则"入手,以"学校规则伴我行"主题为例,说明研究的步骤与方法,帮助同学们打开探索之门。指导学生通过观察、思考、探究等亲身体验的方式,了解规则在哪里、规则有什么用、学会给自己定规则并且守规则,最终达到知、情、意、行的和谐统一,成为守规则的文明公民。

参考主题

1. 学校规则伴我行

2. 家庭规则我制定

3. 社会规则知多少

实践方式

网络查询、实地考察、调查采访、问卷调查、设计制作、实践体验、宣传倡议、志愿服务等

整合学科

《品德与生活》第三单元《我和规则交朋友》

课时建议

4—5 课时

学校规则伴我行

同学们,规则与我们的生活有着非常密切的关系,一个有序的社会必定人人具有强烈的规则意识。遵守规则体现了一个人的社会公德和公民的基本素养,人们是否具有规则意识,在一定意义上表现了社会的文明程度。为了让我们生活的这个大家庭更加美好,让我们一起遵守规则,和规则交朋友。

问题与思考

我的问题

1. ______
2. ______
3. ______

……

方案与设计

（　　　）小组活动方案

活动主题			指导教师	
小组成员			组长	
活动目标				
活动内容与步骤	时间	方法	人员分工	成果形式
活动1：				
活动2：				
活动3：				
活动4：				

实践与体验

活动1：学校规则大搜索

校园也是小社会，我们在校园中生活，需要遵守很多规则，具体都有哪些呢？为什么要制定这些规则？请同学们分组来调查采访吧！

学校规则调查表

规则名称	规则内容	制定此规则的原因	调查采访人
			学校领导
			班主任老师
			大队辅导员
			红领巾监督岗同学
			……

从上面的调查采访当中我知道了：____________________________________

____

____

小博士

学校规则三字歌

讲文明	守法纪	重安全	莫轻生	上放学	要按时	有急事	须请假
出早操	快静齐	集散时	守秩序	走楼梯	靠右行	勿打闹	不拥挤
见师长	问声好	与同学	友善交	三字歌	须牢记	时时唱	准平安

活动2:学校规则知多少

学校里有这么多的规则,同学们了解多少呢?让我们走到同学中间,通过观察、采访来了解。

通过采访,我了解到同学们对以下规则了解得比较多:____________________

____

通过观察,我发现同学们对以下规则遵守得比较好:____________________

____

我还发现一些不遵守规则的现象:____________________

____

正如同学们调查采访的那样,学校制定了这么多的规则,其实是对我们的成长保驾护航。让我们来和小伙伴交流一下,你都了解哪些学校规则,写出自己的认识和体验吧!

学校规则我知道

(　　　　　　　)是为了保证我们室外活动的安全。
(　　　　　　　)是为了我保持学校和教室的卫生。
(　　　　　　　)是为了保证我们学习环境的井然有序。
学校路队规则是为了(　　　　　　　)。
(　　　　　　　)是为了保证(　　　　　　)。
……

小博士

为什么要守规则

“规则”也可以理解为“规矩”，“规矩”是社会有序运行的“基础设施”。俗话说，“没有规矩不成方圆”。“规”和“矩”本是古代用来画圆和方的工具，后来被引申为一个社会所有人必须共同遵守的行为准则和办事规程，既包括法律、规章、制度、纪律，也包括道德规范、礼仪标准；既包括正式的制度，也包括约定俗成的非正式的制度。

资料在线

校园违规案例

2006 年 10 月 25 日晚上 8 点，四川省巴中市通江县广纳镇中心小学学生下晚自习后，刚走出教室，灯突然熄灭，楼道一片漆黑，有学生怪叫：“鬼来了！”引起学生恐慌，大家争相往楼下奔跑，部分学生被挤倒，被后面涌上来的学生踩踏，造成 10 名学生死亡，27 名学生受伤，其中重伤 7 人。

2005 年 6 月，湖南某学校初二 (1) 班上体育课的学生下午 4 点半左右下课回教室时，和上完电脑课下楼的高年级学生在楼梯上发生拥挤，一些学生被挤倒，造成10余名学生不同程度受伤。

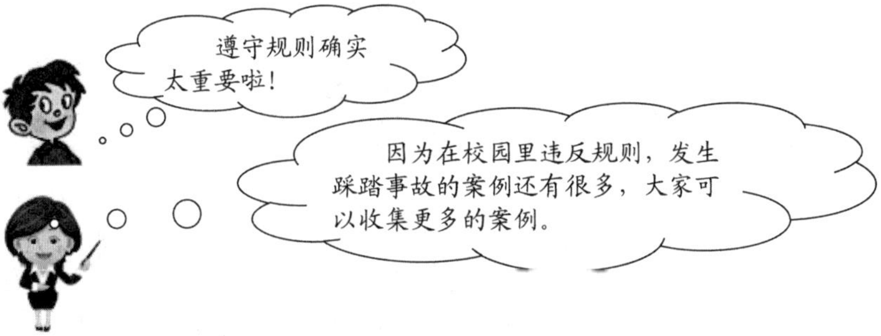

活动 3:遵守规则我建议

有人说,规则是为不遵守规则的人制定的。在我们身边的确存在着不遵守规则的现象。请同学们观察一下,这些违反规则的人和事,给自己、给他人带来了哪些方面的不良影响？她(他)应该怎样改进？你有什么好建议？

违规现象	不良后果	我的建议

通过你用心的观察和思考，你一定有话对大家说，请把心里话说出来吧！

我想对大家说：________________________________

____

我想对违反规则的同学说：__________________________

____

活动4：制定规则我参与

学校规则可以保证我们健康、安全、愉快地学习，让我们也参与到制定和维护学校规则的活动中吧！

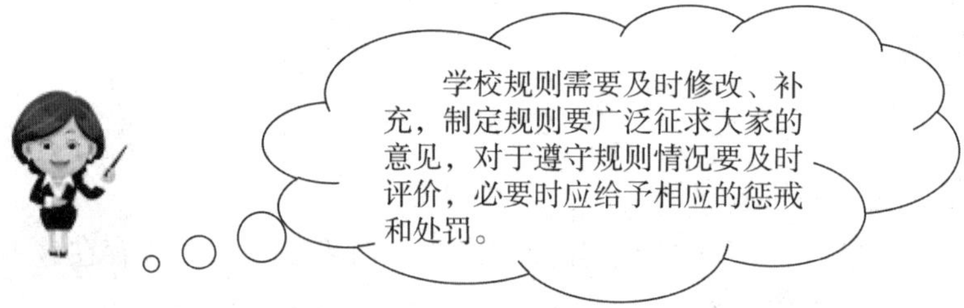

总结与交流

通过这次实践活动，你对学校规则有了哪些新的认识？

我的收获：____________________________________

我的研究方法：________________________________

下次活动中我要注意的问题：________________________________

我还想研究

我与自然

主题六　走进植物王国

活动目标

1. 了解一些植物的生存环境和生长过程，丰富植物学的知识，理解人与植物及自然的联系。

2. 通过对植物的认识和研究，激发探索自然奥秘的兴趣，培养热爱大自然的思想感情，培养保护环境、爱护环境和热爱学校的意识。

3. 在实践中培养自主合作探究的能力，学会与人交际、小组合作，培养综合运用知识的能力。

设计构想

1. 本单元围绕“植物王国”这一主题组织活动内容，从学生身边的植物开始，重点让学生了解植物有哪些作用，应当减少破坏植物，重视对社会生活基本能力和学习、探究能力以及公民道德的培养，让学生从小认识和关注社会问题，树立环保节约意识，做到身体力行。

2. 本主题项目设计从学生生活联系最密切的植物入手，指导学生通过观察、思考、探究等亲身体验的方式，了解植物可以美化环境、给动物供食、吸收二氧化碳、释放氧气，最终达到知、情、意、行的和谐统一。

参考主题

1. 畅游植物王国

2. 小草的微笑

3. 小树“哭”了

实践方式

网络查询、实地考察、调查、设计制作、实践体验、宣传倡议等

整合学科

《环境教育》下册第二单元《珍爱生命》第5课《小草的微笑》、第8课《小树的“哭”声》

课时建议

4—5课时。

走进植物王国

春天来了，校园、城市到处花红柳绿、生机盎然，令人心旷神怡。今天，就让我们一同走进植物世界，畅游植物王国，领略各种植物的魅力吧！

问题与思考

我的问题

1. ______

2. ______

3. ______

……

方案与设计

方案是活动的指南。确定了感兴趣和需要研究的问题，接下来就需要分小组制订活动方案啦！让我们一起来讨论交流研究哪些内容、小组成员怎样分工更合理、先做什么、再做什么。方案做好以后还需要反复修改完善，然后再开始行动。

（ ）小组活动方案

活动主题			指导教师	
小组成员			组长	
活动目标				
活动内容与步骤	时间	方法	人员分工	成果形式
活动 1	第一周	查阅资料		文献整理
活动 2	第二周	调查		手抄报
活动 3	第三周			倡议书

实践与体验

活动 1:走进植物王国

如今,随着人们生活水平的提高,植物在人们生活中的地位也不断升级。生活中,我们不仅可以见到许多美丽的观赏植物新品种,植物在饮食、环保、药用等方面的作用也逐渐为我们所熟知,甚至对于人们谈之色变的癌症,有些植物也能够“大显身手”!植物的作用还有哪些呢?请同学们调查、了解几种植物的作用,填写下面的调查表。

“植物的作用”调查表

植物名称	生长环境	植物作用

调查结束后,我们了解一些植物的作用,你还有什么发现呢?

感兴趣的同学还可以到花坊亲自考察,你一定会收获多多。

小博士

植物的作用

绿色植物对地球生态环境起着极其重要的作用。

首先，绿色植物是个庞大的氧气工厂。植物的绿叶吸取空气中的二氧化碳,在太阳光和叶绿素的作用下,和从根部吸收的水分发生化学反应,形成葡萄糖,同时放出氧气，这就是著名的光合作用。

绿色植物还是天然的空气净化器,它可以吸收大气中的二氧化碳、二氧化硫、氨气、氯气等。全世界一年排放的大气污染物有6亿多吨,其中约有80%降到低空,除部分被雨水带走外,大约有60%是依靠植物表面吸收掉的。此外,树木还能吸收土壤中的有害物质。

绿色植物不仅给人类提供了大量的木材,而且能为人类提供生物能源。一些树种能够产生代替石油的烃类和油脂类,生产的汁液甚至不用加工就可以用做汽车的燃料。树木不但制造养分,并把养分贮藏在土壤中,而且全身是宝。木材经过机械和化学加工,可以生产胶合板、刨花板、纤维板,制成纸浆、人造丝、人造毛,还可以制成多种糖类和甲醇、乙醇、糖醛、活性炭、醋酸等。树木的枝、梢、叶可做饲料、肥料、燃料。有些树木的皮、根、树液等,还可提炼松香、橡胶、栲胶、松节油等工业原料。

绿色植物对人类的贡献实在太大了,保护植物就是保护我们自己。

当你停自行车时发现附近有一棵树木,你会将车与树锁在一起吗？当你停泊小轿车,发现周围车位几乎停满,却发现不远处有一块草坪,你会将车停在草坪上吗？当你看见路边一棵树上开满了沁人心脾的花朵时,你会随手摘下一朵吗？……我们生活的这个城市,随处可见高耸林立的树木、美丽芬芳的花朵以及勃勃生机的绿地,然而,我们却经常发现,有人随意破坏这些花草树木。

交流“破坏花草树木的现象”

资料在线

你知道吗？

若一个地区的森林覆盖率高于30%，而且分布均匀，就能相对有效地调节气候，减少自然灾害。我国的森林覆盖率仅为12%，分布也不均匀，属于少林国。目前，世界上的森林正以每年1800万～2000万公顷的速度消失。

活动2：植物园踩踏

同学们发现生活中这么多破坏花草树木的现象，我们需要通过什么方法来保护花草树木？

1. 做“爱护花草树木”宣传员

请同学们把好的宣传语汇总起来：

---

2. 认领小树，与小树同成长

到校园里认领一棵你最喜欢的小树，认领后，你打算怎样保护它呢？说说你的打算与想法。

---

3. 保护花草树木，我们在行动

怎样保护花草树木？把同学们好的建议汇集起来，让我们小手拉大手一起行动，共同参与到保护花草树木的行动中来。

总结与交流

通过这次实践活动,你对保护花草树木有了哪些新的认识?

我的收获:______

我的研究方法:______

下次活动中我要注意的问题:______

我还想研究

在实践探究的过程中,你肯定又产生了一些感兴趣的问题,大胆地提出来并想办法去解决。

我与自然

主题七　和动物交朋友

活动目标

1. 细致观察家庭及周边的生活环境,了解生命的可贵,了解每一种资源都是和我们息息相关的。

2. 学会收集和筛选资料,确立研究的主题,运用调查、采访、探究、归纳等方式分析问题产生的原因,分析、思考如何改变现状。

3. 从自身做起,爱护身边的动物和植物,学会珍爱生命。

设计构想

1. 本单元围绕“珍爱生命”这一主题组织活动内容,从保护鸟类入手,重点让学生了解鸟类与人类的关系,了解它们的生存现状,让学生从小认识和关注生命,树立爱护鸟类、保护环境的意识。

2. 本单元为同学们准备了4个参考主题,供同学们选择研究。项目设计从学生生活联系最密切的鸟类入手,以“保护鸟类”主题为例,说明研究的步骤与方法,帮助同学们打开探索之门。指导学生通过观察、思考、探究等亲身体验的方式,了解鸟类的现状和环境对鸟类的影响以及保护鸟类的方法,最终达到知、情、意、行的和谐统一。

参考主题

1. 笼中的小鸟
2. 帮蚯蚓回家
3. 树是谁的家
4. 池塘是谁的家

实践方式

网络查询、实地考察、调查采访、实践体验、宣传倡议、志愿服务等

整合学科

三年级《环境教育》第二单元《珍爱生命》第6课《帮蚯蚓回家》、第7课《笼中的小鸟》、第9课《树是谁的家》、第10课《池塘是谁的家》《童眼看法规:保护野生动物》。

课时建议

4—5课时

走近小鸟

同学们,你们知道吗?地球是一个和谐共处的大家园,在这个大家园里,生活着各种各样的生物,每一个物种都与人类息息相关。但是由于人类的无知和肆意屠杀,很多的动物都面临着灭绝的惨境,就连我们身边的小鸟也无一例外。保护鸟类迫在眉睫,让我们行动起来吧!

问题与思考

方法指导

怎样提出又多又有价值的问题？

1. 认真观察生活，随时将自己的疑惑记录下来。

2. 与同学互相交流，在交流中互受启发，会发现更多的问题。

3. 学习提出问题的方法，围绕是什么、为什么、怎么办三个层次提出各种各样的问题。

在这个主题中，同学们可以提出很多问题，如鸟类与我们人类的关系、为什么要保护鸟类、怎样保护鸟类……这些问题正是我们研究的起点，同学们，请提出你最感兴趣的问题吧。

我的问题

1. ______________________________

2. ______________________________

3. ______________________________

……

方案与设计

有了方案，我们的探究活动才会更有序、更有效。在探究之前，我们先来制定一下研究方案吧。

（ ）小组活动方案

活动主题			指导教师	
小组成员			组长	
活动目标				
活动内容与步骤	时间	方法	人员分工	成果形式
活动1:鸟类与我们小研究	第一周	查阅资料		文献整理
活动2:鸟类生存现状小调查	第二周	采访调查		手抄报
活动3:保护鸟类我行动	第三周	实地考察		倡议书

实践与体验

活动1:鸟类与我们小研究

美丽的羽毛,婉转嘹亮的鸣声,南来北往的迁飞,鸟儿为我们带来了祥和和愉悦,它与我们有着千丝万缕的联系。

“鸟类与我们生活的关系”资料卡

类别	我的问题	我采用的研究方法	我的答案
鸟类对居民生活的影响			
鸟类对生态环境的作用			
鸟类对农业生产的影响			
……			

资料在线

从人类文明历史揭晓起,鸟类就同人类有着极为密切的关系。

良好的生态环境是保证人类正常生产、生活的重要条件之一。人们发现,鸟类在维护生态平衡、保护自然界绿色植物方面作用很大。譬如,益鸟可以防治虫害。灰喜鹊、伯劳、燕子等都是灭虫能手,啄木鸟是“森林医生”。鼠害是森林的一大祸患,而猫头鹰恰好是捕鼠健将。

良鸟类在维持生态平衡方面功不可没。鸟还可以向人们预报农时季节。杜鹃每年三四月飞来南方,其叫声“快——布谷”,似在催促人们抓紧春耕生产。鹧鸪鸣叫,则兆示当地的农事进入割麦插秧季节。人们曾用“鹧鸪始鸣,割麦插禾”的农谚指导生产。如今,预报农时节令都依靠科学气象,但人类在过去无日历的时代,确实是靠鸟鸣来指导农事活动的。

良鸟类是文人墨客吟颂的主题.历代留下的名诗佳篇给文苑增添了无数绚丽奇葩。我国成书于春秋时代的诗歌总集《诗经》中,提到的鸟就有30多种,鸟被人称赞可见一斑。

良鸟类不但被文人写入诗中,其华丽的羽毛、俊美的神态,也是古今画家挥毫泼墨的对象。鸳鸯戏水、松鹤延年、鹰击长空、喜鹊登梅等都是常见的画景。

良鸟类中的鸣禽类,其鸣声或悠扬婉转,或高亢嘹亮,本身就是一首首绝妙动听的音乐。所以世界上除了有许多以鸟为题材的歌曲和乐曲外,还有不少模拟鸟鸣声谱写的乐曲。例如,我国现代民乐中《鸟投林》《空山鸟语》《百鸟朝凤》等,描绘的就是阳春时节百鸟争鸣的动人情景。

良人类在崇拜和欣赏鸟类的过程中,常常被鸟类优美的舞姿吸引,于是,人们争相模仿鸟类的舞蹈动作。发展至今,许多民族都有以鸟类活动为造型的舞蹈节目。如云南省的傣族有孔雀舞,白族有白鹤舞,纳西族有云雀舞,哈尼族有白鹇舞,拉祜族有鹌鹑舞,藏族有金雀舞等。

活动2:鸟类生存现状小调查

鸟是人类的好朋友,但是目前我国鸟类的生存状况非常严峻,很多鸟类处于灭绝的边缘。我们不禁要追问,造成这样严峻现实的原因到底是什么呢?同学们,让我们走进社区,用我们的慧眼观察,并做一下调查记录寻找答案吧。

“笼中的小鸟”调查记录表

调查地点		调查人员		职业	
鸟的数量		鸟的种类			
人类捕捉小鸟的原因					
对鸟类与人类的关系的认识					
调查的结论					
我的感想					

方法指导

调查小贴士

在进行调查前，我们首先要明确主题，合理选择调查对象。本次主题和养鸟有关，在我们小区中，养鸟的大多数是老年人。还要确定调查的地点、时间。我们要根据观察，看一下大家出发的时间，大多聚集在什么地方。准备好相应的工具，如纸、笔、相机等。还要设计问题，进行相应的人员分工。在调查时，要使用礼貌用语，及时记录。调查后，小组间要交流感悟，进一步完善资料。

活动3:保护鸟类我行动

“鸟是人类的朋友。”我们爱鸟,除了要人人自觉树立保护鸟的意识外,更需要行动起来,加入护鸟的行列中来。

1. 保护鸟类方法我知道

请同学们把好的建议汇总起来:______________________________

资料在线

你知道吗?

我国在每年的4月至5月初这段时间，确定1个星期为爱鸟周。山东省的爱鸟周时间是每年的4月23—29日。

2. 爱鸟护鸟在行动

在爱鸟周到来之际,让我们走进社区,分发倡议书,号召居民都参与到爱鸟护鸟行列中,做爱鸟小卫士,做鸟类真正的朋友。

生活在线

护鸟天使

袁学顺是一位普通的农民，40年来，他义务保护和救助在迁徙过程中受伤的大天鹅，累计救助伤病天鹅500余只，保护天鹅湖湿地1000余亩。他坚持每天巡湖，跑遍了荣成天鹅湖的每一个角落。他视天鹅为孩子，他每年要自掏腰包为天鹅购买大量粮食和药品，并把康复的天鹅一次次送回蓝天。为了天鹅，他甚至把自己的主业都抛舍在一边。由于常年把钱投在保护天鹅上，他的家中一贫如洗。1985年，老袁在自己的家中，成立了纯义务的“家庭式大天鹅康复中心”，当年这在全国都是绝无仅有的。这些年来，因老袁如此执着地将精力投入到保护天鹅的事业上，他的事迹已经被广为传颂，并得到了许多业界和专家的认可，也得到了不少的嘉奖。2003年11月，袁学顺以其保护天鹅的动人事迹走上人民大会堂领奖台，获得“福特汽车环保奖”之一的“福特百年特别奖——野生动物保护”类别一等奖。2012年6月，他又荣获了“2010—2011绿色中国年度人物”奖。

总结与交流

通过这次实践活动，你对保护鸟类有了哪些新的认识？

我的收获：________________

我的研究方法：________________

下次活动中我要注意的问题：________________

我还想研究

在实践探究的过程中，你肯定又产生了一些有趣的问题，大胆地提出来并想办法去解决。

我与社会

主题八　感恩与我同行

活动目标

1. 走近残疾人、老年人以及生活有困难的人，体会他们的心理，尊重并愿意帮助他们。

2. 通过学生在社会生活中对焦点事件的调查了解，培养学生分析问题、解决问题的能力，培养学生的社会生活调查能力。

3. 通过学生的体验活动，讨论面对社会现象如何解决问题，培养学生的自主解决问题的意识。

4. 通过结合生活实际，了解社会是由大家组成的，社会上的事由大家来做，培养学生关爱生活、关爱社会、关爱老人、关心残疾人的情感。

设计构想

1. 本单元围绕“关心爱护他人”这一主题组织活动内容，从学生开展社会实践调查活动开始，重点让学生了解社会是由大家组成的，社会上的事情由大家一起来做，重视对社会生活基本能力和学习、探究能力以及公民道德的培养，让学生从小认识和关注社会问题，树立关爱生活、关爱社会的情感。

2. 本主题项目设计从学生开展社会事件调查入手，指导学生通过采访、调查、了解等亲身体验的方式，培养学生的问题意识。

参考主题

1. 关爱老人
2. 走近残疾人
3. 体验邻里乡情
4. 我也要做志愿者

实践方式

调查采访、网络查询、实地考察、设计制作、实践体验、宣传倡议等

整合学科

《品德与社会》下册第二单元第 1 课《让爷爷奶奶高兴》、第 2 课《伸出爱的手》、第 3 课《我的邻里乡亲》、第 4 课《大家的事情大家做》

课时建议

4—5 课时。

感恩与我同行

向需要帮助的人伸出你的手，是关爱；说话做事多替邻里乡亲想想，是理解；主动承担公共事务，是责任。这些进入文明社会的入场券，你领到了吗？

问题与思考

我的问题

1. ____________________

2. ____________________

3. ____________________

……

方案与设计

方案是活动的指南。确定了感兴趣和需要研究的问题，接下来就需要分小组制订活动方案啦！让我们一起来讨论交流研究哪些内容、小组成员怎样分工更合理、先做什么、再做什么。方案做好以后还需要反复修改完善，然后再开始行动。

(　　　)小组活动方案

活动主题			指导教师	
小组成员			组长	
活动目标				
活动内容与步骤	时间	方法	人员分工	成果形式
活动1	第一周	调查采访		文献整理
活动2	第二周			手抄报
活动3	第三周			倡议书

实践与体验

活动1：关爱老人

同学们，我们家里有爷爷奶奶，周围还有许多老年人，他们在年轻的时候做过什么工作，现在又是怎样生活的，你了解吗？让我们来做个小调查吧。

1. 爷爷奶奶的故事

2. 我家老人小档案

我的__________

出生于________年________月________日

健康状况：____________________

做过的工作：____________________

平常的娱乐活动：____________________

最自豪的一件事：____________________

最大的愿望：____________________

3. 老人的心思我知道

爷爷奶奶非常关心、疼爱我们，我们的每一件事他们都挂在心上；我们的愿望和想法，他们很快就能猜到。爷爷奶奶的心思，我们是不是也能猜道呢？

(1)每次和爷爷奶奶分别时，他们总是要问我们什么时候再来。

因为____

(2)我每次出门，奶奶总是要一遍遍地叮嘱。

因为____

(3)我们去看望爷爷奶奶的时候，他们总是做上一大桌菜。

因为____

调查结束后，我们了解了老人的心思，你还有什么发现呢？

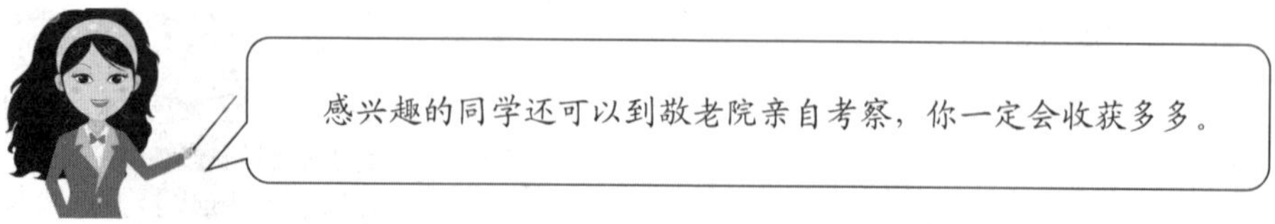

小资料

世界各国的老人节

1990年12月14日，第45届联合国大会一致通过了“国际老龄行动计划实施和有关活动的第106号决议”，确定每年的10月1日为“国际老人节”。不过，许多国家和地区都有各自的老人节。

韩国：韩国自1973年起，将原来5月8日的母亲节改为“敬老节”。

日本：早在1966年政府就规定每年9月15日为“尊敬老人日”，9月15日至20日为“老人福利周”。

美国：对老年人尊称为“资深公民”。政府规定每年劳动节后的第一个星期日为祖（外祖）父母节，对年满65岁的老人颁发“资深公民证”，老人们凭此证可享受多种优待。

加拿大：每年6月21日是敬老的节日。

智利：每年10月15日为全国“老人节”，每年10月中旬（包括15日）的这一周定为“老人周”。

朝鲜：每年5月8日为“尊亲节”，并举行孝亲敬老仪式。

希腊：每年金秋季节，希腊克里特岛都要择“吉日”来举行“老人节”。

伊朗：每年1月7日为老人节。

新加坡：2月2日为老人节。

英国：3月5日为老人节。

埃及：3月的最后一个星期日为老人节。

印度：4月7日为老人节。

泰国：5月5日为老人节。

越南：8月8日为老人节。

法国：10月的最后一个星期日为老人节。

比利时：11月9日至16日为老人节。

匈牙利：11月11日是老人节。

俄罗斯：12月7日是老人节。

我国目前全国性的老人节还没有建立，一般在农历九九重阳节开展敬老活动。

活动2：走近残疾人

有些人因先天或后天的原因，不能像绝大多数人一样拥有健全的身体，这给他们的生活带来许多不便。为适应现实生活，他们需要付出比常人更大的努力。让我们来看一看他们是怎么生活的。

1. 体验残疾人的生活

活动形式：大家以小组为单位，每个小组领取不同的任务，根据任务提示来亲身体验残疾人的生活。

第1、第2小组试着用一只手收拾自己的书包。

第3、第4小组用布蒙上自己的眼睛，在教室中走一圈。

第5、第6小组扮演聋哑人向其他同学问路。

2. 说一说自己的感受

3. 我们可以为他们做点什么

同在一片蓝天下，生活着幸福的你和我，也生活着遇到了困难的他。我们的眼中不仅要有自己，也要关注他们。

资料在线

活着就要做个对社会有益的人

——张海迪的故事

张海迪，1955年秋天在济南出生，她5岁患脊髓病，胸以下全部瘫痪。从那时起，张海迪开始了她独特的人生。她无法上学，便在家自学完中学课程。15岁时，海迪跟随父母，下放（山东）聊城农村，给孩子当起教书先生。她还自学针灸医术，为乡亲们无偿治疗。后来，张海迪自学多门外语，还当过无线电修理工。

在残酷的命运挑战面前，张海迪没有沮丧和沉沦，她以顽强的毅力和恒心与疾病做斗争，经受了严峻的考验，对人生充满了信心。她虽然没有机会走进校门，却发愤学习，学完了小学、中学的全部课程，自学了大学英语、日语、德语和世界语，并攻读了大学和硕士研究生的课程。1983年张海迪开始从事文学创作，先后翻译了《海边诊所》等数十万字的英语小说，编著了《向天空敞开的窗口》《生命的追问》《轮椅上的梦》等书籍。其中《轮椅上的梦》在日本和韩国出版，而《生命的追问》出版不到半年，已重印3次，获得了全国“五个一工程”图书奖。在《生命的追问》之前，这个奖项还从没颁发给散文作品。最近，一部长达30万字的长篇小说《绝顶》，即将问世。从1983年开始，张海迪创作和翻译的作品超过100万字。

活动3:体验邻里乡情

每个家庭都有自己的邻居,有些邻里之间亲亲热热如同一家人,有些则很少往来。你们的邻里关系是怎样的?

1. 讲一讲你与邻居的故事

请同学们把好的宣传语汇总起来:______________________________

2. 远亲不如近邻

俗话说:“远亲不如近邻。”亲戚朋友一般相距较远,不常见面,左邻右舍却几乎每天都能见到。邻里间的和睦相处是拥有安宁、愉快的生活所不可缺少的。

____

3. 做个小小调解员

邻里之间难免会有一些小矛盾，有时是我们给邻居添了麻烦，有时是邻居给我们的生活带来不便。很多时候，邻里矛盾就是我们小孩子造成或由我们引起的。怎样才能平息这样的风波，让小区居民重新和睦相处呢？

活动4：我也要做志愿者

在我们的生活中，常常有这样一些事情，他们虽然涉及家家户户的利益，但似乎不在自己的职责范围之内，于是大家都等着让别人来管一管。这些事到底谁来做？如果谁也不出面处理，会有什么后果呢？

1. 这样的事情谁来做

2. 大家一起做

俗话说，"人多力量大""众人拾柴火焰高"。在生活中还有哪些事情是集中大家的力量做的？我们去观察、访问一下。

(1)____________________

(2)____________________

(3)____________________

3. 我们身边的志愿者

如果我们每个人都能为他人、为社会尽一份力的话，就可以让有困难的人得到帮助，使这个社会更加美好，自己也会从中感受到快乐和意义。我们身边就有许多人，他们不计报酬，自愿为他人和社会提供服务和帮助。

资料在线

你知道吗？

年满14周岁就可以申请加入中国青年志愿者组织了。

总结与交流

通过这次实践活动，你对关爱他人还有了哪些新的认识？

我的收获：________________________

我的研究方法：________________________

下次活动中我要注意的问题：________________________

我还想研究

在实践探究的过程中，你肯定又产生了一些感兴趣的问题，大胆地提出来并想办法去解决。

我与自然

主题九　我做低碳小达人

活动目标

1. 通过收集资料，了解世界缺水现状，提高收集和整理资料信息的能力，增强节约能源的自觉性。

2. 通过实地考察、实验对比调查浪费现象，提高学生观察、思考、综合分析的能力。

3. 通过实地调查等方法接触家庭社会，掌握节约小窍门，学会宣传节约的方法。

设计构想

1. 本单元围绕“节约能源”这一主题组织活动内容，从学生身边非常密切的纸张、水、电、文具开始，重点让学生了解物品资源来之不易，应当减少自然资源的消耗，重视对社会生活基本能力和学习、探究能力以及公民道德的培养，让学生从小认识和关注社会问题，树立环保节约意识，做到身体力行。

2. 本单元为同学们准备了五个参考主题，供同学们选择研究。项目设计从学生生活联系最密切的水入手，以“节水，从我做起”主题为例，说明研究的步骤与方法，帮助同学们打开探索之门，指导学生通过观察、思考、探究等亲身体验的方式，了解节约用水、循环用水，最终达到知、情、意、行的和谐统一。

参考主题

1. 节水总动员
2. 一度电的用途
3. 话说包装
4. 铅笔的对话
5. 餐桌上的剩菜

实践方式

网络查询、实地考察、调查采访、宣传倡议、志愿服务等

整合学科

《环境教育》第三单元《简朴生活》第 1 课《一件衣服穿多久》、第 2 课《铅笔的对话》、第 3 课《餐桌上的剩菜》、第 4 课《水龙头别流泪》、第 5 课《一度电的用途》、第 6 课《话说包装》

课时建议

6—7 课时

我做低碳小达人

同学们,水是大自然赐给人类最宝贵的资源和财富,可是,让我们痛心的是生活中浪费水的现象比比皆是,如果我们不保护水资源,不节约用水,那么,地球上的最后一滴水将是人类的最后一滴眼泪。水关系到整个国家、整个人类的利益,节约用水人人有责。

问题与思考

我的问题

1. ______________________________
2. ______________________________
3. ______________________________

……

方案与设计

通过共同讨论,确定本次活动的研究主题是“节水,从我做起”。我们可以根据兴趣与特长,以自愿组合为原则分成小组,与小伙伴一起,共同确定小组活动方案吧。

(　　　)小组活动方案

活动主题			指导教师	
小组成员			组长	
活动目标				
活动内容与步骤	时间	方法	人员分工	成果形式
活动1:水的现状调查	第一周	查阅资料 调查汇总		文献整理

续表

活动 2:饮用水的来源参观	第二周	参观访问		手抄报
活动 3:生活用水小调查	第三周	调查收集		调查问卷
活动 4:节约用水我行动	第四周	查阅资料实践		倡议书

实践与体验

活动 1:世界缺水吗

同学们,你们知道吗? 地球上的水资源有 97% 被盐化,仅有 3% 是淡水资源,且大部分是主要分布在南、北两极地区的固体冰川。全球面临严重的淡水缺乏危机,和其他自然资源相比,淡水的重要性和稀缺性在未来将超越一切,甚至有专家估计到 2025 年,世界人口将达到 83 亿,人们可能耗尽所有的储备淡水……请同学们通过自主调查收集资料,并填写下面的表格。

世界缺水小调查

姓名________时间________

调查途径	调查内容(文字、图片、视频)	我的感悟

调查结束后,小组交流自己收集的资料,并说说你的感悟。

资料在线

全球“渴”望

全球面临严重的淡水缺乏危机，在非洲、阿富汗、印度和亚洲的其他国家，女人和孩子们每天面临这样的困难：在感到渴的时候，他们必须拿起容器，步行至少两个小时到一口井，打满水之后再步行两个小时回家。这是数亿人每天必须面临的艰难问题，同样的情况还发生在中南美洲的一些地方。地球上还有太多地区缺水或者水源被污染，在这些地方，无一例外是当地居民自己去寻找安全水源，无论是距离远近或者路途困难。通常一个妇女每天打水的步行距离是6公里。

活动2:饮用水从哪里来

水和我们的生活息息相关,水质的好坏也直接影响着我们的身体健康。每天我们一打开水龙头,就能用到干净、卫生的自来水,可是你知道这些水是从哪里来的吗?今天就让我们来到自来水厂零距离体验自来水的生产过程,大家可以用图表、文字、拍照、连环画等方式记录下来。

我们的生活用水来之不易,所以在日常生活中,我们每个人都要养成节约用水的好习惯。

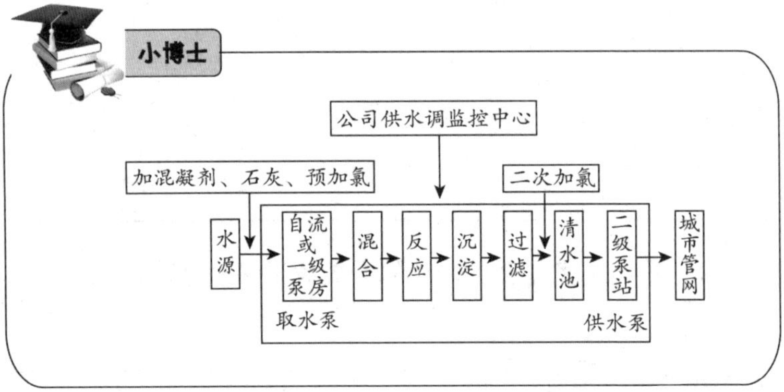

活动3:浪费用水小调查

在现实生活中,一滴水看起来微不足道,但是一滴一滴的水不断积累起来数量就很惊人了。请同学们回家做一下观察统计,完成后面的统计表。

一个滴水水龙头的滴水量情况统计表

班级:　　　姓名:　　　调查时间:　　　年　　　月　　　日

时间	1小时	1天	1个月(按30天算)	1年
滴水量(升)				

一个儿童一天饮用1000毫升(1升),按照上面统计表中的数据,一个家庭一年浪费用水大约可供一个儿童饮用多久?________月(或者年)。

结合自己家里的用水量(我家一个月用水量大约________升),按照上面的滴水速度算一算,一个滴水水龙头1年浪费的水大约够一家人用多久?________

一滴水看似平常,但可以积少成多;当浪费的时间长了,浪费的人多了,地球上就会有大量的水资源被浪费掉。生活中有很多浪费水的现象,我们可以通过问卷调查的方法进行统计,如何做问卷调查呢?

小博士

如何做问卷调查

调查是搜集资料的一个重要手段。问卷调查主要是通过问卷的形式进行的,问卷调查的一般步骤包括:

1.调查前的准备工作。首先要确定调查内容;其次要根据调查内容和调查的目的来确定调查对象;再次要制定调查计划,主要包括调查的内容和目的、调查的对象和范围、调查的地点和时间、调查的方式和方法、调查的步骤及日程安排、调查报告完成的日期;最后是设计调查问卷。

2.实际调查、搜集资料。

3.整理调查资料。

设计好调查问卷,我们就要开始调查了。调查完,整理一下调查问卷,写一下调查总结。

调查总结

实际状况:____。

存在问题:____。

我的建议:____。

活动4:节约用水总动员

只有大家都注意节水,水荒才能远离我们,生活才会安定和谐,环境才会优美舒适。节约就要从小处做起,因为这不仅关系到个人的利益得失,更体现了一种社会意识和责任。那我们怎样才能做到节约用水呢?小组讨论一下,你有什么想法?

绿色冲浪

节约用水宣传提纲

1.宣传节水措施与方法，提高人们节约用水、保护水资源的意识，并使之转化为行动。

2.用完水后，要及时拧紧水龙头。

3.使用节水设备，如节水型抽水马桶。

4.一水多用，如洗衣机里放出的水可以用来冲厕所、拖地板，洗菜用过的水、头一天喝剩的水用来浇花等，做到废水再利用。

5.发现漏水的水龙头，要及时报告维修部门。

总结与交流

通过这次实践活动，你对节水有了哪些新的认识？

我的收获：______________________________。

我的研究方法：______________________________。

下次活动中我要注意的问题：______________________________。

我还想研究

同学们，在实践探究的过程中，我们肯定又产生了一些新的想法，大胆地提出来，并想办法去解决。

四年级主题课程资源

关注自我

主题一　诚信，从我做起

活动目标

1. 围绕诚信提出感兴趣的问题，了解社会生活处处需要诚信、社会倡导诚信的意义。

2. 通过调查，收集与诚信有关的名人故事，知道诚信在人际交往和社会生活中的重要意义，懂得“人无信不立”，诚实守信才是做人的美德，了解到诚信的内涵和意义。

3. 从正、反事例交流中，感受诚信对人们生活和心理带来的不同影响，树立守信光荣、失信可耻的道德准则，在现实利益与道德冲突间选择正确的行为。

4. 通过辩论，对诚信树立正确的评判标准。知道社会生活处处需要诚信，了解社会倡导诚信的意义，从自身做起，做一个讲诚信的公民，并身体力行倡导身边的人一起做。

设计构想

1. 本单元围绕“诚信”这一主题组织活动内容，重点在于通过活动探究感悟诚信的基本内涵，认识到诚信的基本要求是“对人守信，对事负责”，知道诚实守信是中华民族的传统美德，是每个人立足于社会的根本。

2. 培养学生在为人处世上说实诚话、做诚实事，提高其参与社会生活的能力，引导学生践约守信、诚实做人。

3. 本单元提供了两个参考主题，供同学们选择研究。选择贴近学生生活的话题和活动，以“诚信永相伴”主题为例，说明研究的步骤与方法，帮助同学们打开探索之门，通过观察、调查、交流、体验等，感受诚实守信的重要性；同时，通过具体事例，树立守信为荣、失信可耻的道德观念，唤起大家对诚信的需求。

参考主题

1. 诚信，从我做起

2. 小学生诚信状况调查

实践方式

网络查询、调查采访、问卷调查、辩论、宣传倡议等

整合学科

《品德与社会》第二单元《让诚信永相伴》第1课《请你相信我》、第2课《诚信是金》、第3课《社会呼唤诚信》。

课时建议

4—5课时

诚信,从我做起

同学们,你最喜欢和什么样的人做朋友?——对,说话算话、言而有信的人,大家都喜欢。诚信,自古以来就是中华民族的传统美德,“诚信大于天”“一诺值千金”都在时时提醒我们做人要懂得诚信。

问题与思考

我的问题

1. 你身边有哪些诚信的人和事?

2. ________________________________

3. ________________________________

……

方案与设计

古人云:“人无信不立。”诚信与我们的生活息息相关,本单元,我们开展“诚信,从我做起”的主题实践研究活动,你想研究哪些问题呢?下面我们就根据需要分小组,先制订一个活动方案,这样我们的研究才能顺利进行,方案做好了,和小伙伴们一起讨论,进一步把方案完善,然后就开始行动吧!

(　　　　)小组活动方案

活动主题		指导教师		
小组成员		组长		
活动目标				
活动内容与步骤	时间	方法	人员分工	成果形式
活动 1	第一周			
活动 2	第二周			
活动 3	第三周			

实践与体验

活动 1:什么是诚信

平日里,老师经常教导我们要讲诚信,父母经常教育我们要做诚信的孩子。那么,什么是诚信?同学们是怎样理解"诚信"这个概念的?

第一个问题,最有效的解决方法就是查词典。字典是怎样解释的?我们一起来查一查吧。

名词	含义
诚	
信	
诚信	

同学们是怎样理解诚信的?我们可以做一个调查表。

"我对诚信的理解"调查表

调查对象	对诚信的理解
同学 A	我认为诚信就是不撒谎
同学 B	我认为诚信就是要守时
同学 C	我认为诚信就是勇于承认错误
同学 D	……
……	……

汇总一下,同学们对诚信的理解体现在以下这样几个方面:

____

____

活动2:与诚信有关的成语、格言、故事有哪些

1. 查找有关诚信的成语和格言

格言是语言文字的精华,是思想认识的火花。在我国古代典籍中,早就出现了“诚信”一词。关于诚信的成语、名言等也有很多,同学们可以通过阅读书籍,也可以网络查询,肯定会有意想不到的收获哦!

诚信成语:

开诚布公、诚心诚意、实事求是、____________________________________

____。

诚信格言:

人无信不立,业无信必衰,国无信则危。

一两重的真诚,等于一吨重的聪明。

精诚所至,金石为开。

____

____。

读一读、记一记,把我们收集到的资料与同伴交流,使更多的同学了解、知晓这些成语和格言,相信会给我们很多人生的启迪。

2. 收集诚信故事

“人无信不立,家无信不和。”在我国古代典籍中,出现了很多关于“诚信”的名人故事。在我们的生活中,诚信也时刻伴随着你我他。

你找到的诚信故事是：______________________________

故事的主要内容是：______________________________

____

你读后的感想是：________________________________

____

3. 关注身边的诚信

诚实守信，是我们生活中不能缺少的好朋友。美丽安全的新房，那是建筑工人的诚信；色彩缤纷的新衣，那是服装设计师的诚信；蓝天中翱翔的飞机，那是飞行员的诚信；如期收到的贺卡，那是邮递员的诚信。

在我们身边，讲诚信的例子也有很多，需要我们用慧眼去发现，用真心去体会。我们可以试着当一次小记者，了解诚信在学习、生活中的重要性，并做好记录。

方法引导

采访前要做哪些准备？

“成功属于有准备的人。”采访之前，我们要做好充分的准备，保证采访的顺利进行。

1. 列出想要问的问题，记在本子上，这样提问时，心里就不慌了。

2. 在采访时我们很难记住老师说的每一句话，笔、本、录音机（笔）等可以帮助我们做记录，我们也可以提前做好准备。

3. 最好能在采访前与老师商量好具体的时间与地点，也可以把采访的内容告诉老师，使老师有所准备。

4. 在预备采访前，要是能把准备的问题复习一遍，把要用的工具检查一次，做一个深呼吸，我们就更有自信了。

同学们采访结束后，可以把采访的结果用表格的形式展示出来，并进行汇总、整理，这样有助于得出正确的结论。大家可以参考下面这张表格，也可以自己动手设计一张调查表哦！

关于“诚信”调查表

时间：__________ 地点：__________

被采访人：__________

采访内容小记：__________

____

____

采访结果：__________

____

采访后的思考：__________

活动3：怎样做一个讲诚信的人

1. 我的诚信自测

讲诚信，是我们从小就应该培养的品质。你认为自己在诚信方面是已经做得不错还是不够理想呢？和小组同学交流交流，只有认识自己，才会不断进步啊！

诚信自测问卷

1. 你答应星期六帮老师布置教室,可妈妈让你去姑姑家,你会怎样做?

(1)不去姑姑家,帮老师布置教室 (2)去姑姑家

2. 老师留了课外书上的作业,但不许抄答案,你遇到一道难题不会做,你会怎么样?

(1)向父母请教 (2)抄答案

3. 你借了朋友的书,并答应朋友一星期后还,可你没有看完,你会怎样做?

(1)向朋友说明原因,恳求续借 (2)再三拖延

4. 你本来和朋友约好第二天去公园,你晚上生病了,你该怎么办?

(1)让妈妈向朋友解释并道歉 (2)让朋友等着吧

5. 一次考试,你成绩很不好,老师让家长签字,你会怎样做?

(1)给父母看,并让父母签字 (2)自己签字

6. 你去一家小商店买东西,发现钱不够了,店主同意你下次再给。当你身上带了足够的钱再次路过小店时,你会怎样做?

(1)进小店还店主的钱 (2)假装没看见,快步往前走

评判标准:

选(1)得 1 分,选(2)不得分;6 分表示你非常讲诚信,4～5 分表示你比较讲诚信,3 分以下表示你不讲诚信。

这份问卷可以"秘密"进行哟,相信你会给自己一个正确的评判!

自测结果:____

____

如果你非常讲诚信,你要坚持下去哟!如果你哪些方面表现得还不够好,那就要努力改正,诚信需要从我做起,从我们的问题入手。

2. 结合实际谈诚信,明是非

下面是我们从学习生活中捕捉到的几个镜头,大家可以边读边记下自己的想法。

[镜头一]

明明这次考试又没考好,他故意把考卷藏起来,想等下次成绩好的时候再告诉父母。

明明这样做对吗？

我的思考：____

____

[镜头二]

张三和李四是好朋友，他们曾经许诺，不管谁遇到困难，一定要互相帮助。这天，张三想抄李四的作业，李四没同意，张三生气地说："这点忙都不帮，真不讲信用。"

你对这件事怎么看？

我的思考：____

____

[镜头三]

李良是个体育尖子，在运动会上，他得了两个单项第一名，还偷偷替在预赛时受伤的同学参加60米决赛，不但没有被裁判发现，还得了第二名，使班级总分一下子升到年级第一名。有人批评他这样做不对，但也有人称赞他为班级争得了荣誉。

我的看法：____

____

3. 制作诚信书签

让我们马上动手，制作一张诚信书签，送给我们的朋友吧。

一些普普通通的卡纸，剪成不同的形状，写上有关诚信的成语、格言等，就可以变成精美的诚信书签。

方法指导

怎样制作诚信书签？

1. 首先要把制作书签的材料和工具准备齐全，比如卡纸、剪刀、水彩笔、彩线等。

2. 制作书签的过程可以分以下几步进行：

（1）根据自己的兴趣爱好，将硬纸剪成不同的形状。

（2）进行勾画工作，用彩笔把自己喜欢的图案描绘在纸板上。

（3）写上诚信的格言，如"人无不信不立"等。

（4）将彩线穿到合适的位置。

活动4:辩论会——善意的谎言是不诚信吗

经过一番探究了解,我们懂得了诚信是金,诚信是真,诚信是美,诚信是做人之本。探究中,我还发现了一些新问题:

●医生和家人为了让一个意志比较脆弱的病人能坚强地活下去,对她隐瞒病情。

●______

●______

●______

某些特定的场合或者比较特殊的事情,我们可能需要用善意的谎言来隐瞒事情的真相。善意的谎言是不是不讲诚信?

方法引导

怎样筹备一场辩论会?

1. 成立辩论会策划小组,选出主席、点评嘉宾、记时员等。
2. 公布辩题:正方——善意的谎言也是诚信;反方——善意的谎言是不诚信。
3. 给正、反方辩手足够的时间,收集资料,精心准备。
4. 了解辩论会的一般程序,可以根据实际情况合理调整,按既定安排召开辩论会。
5. 如果遇到不能解决的问题,可以请老师帮忙。

通过辩论,你有什么收获和体会呢?

______

______

______

不管你持什么样的观点,通过参与辩论,都能够提高你收集资料、处理信息的能力,培养你主动探究、团结合作的精神。

同学们,一段有意义的探究之旅快要结束了,通过这次研究活动,我们或查阅资料、听故事、制作书签,或大胆采访、唇枪舌战应对辩论,开阔了视野,增长了才干,为了和老师、同学分享我们的研究成果,向大家做个汇报吧!

1. 汇报与展示

请邀请父母来参加我们的成果交流汇报会,让他们看到他的孩子长大了懂事了,他的孩子是最棒的。

(1)举办“诚信,从我做起”演讲比赛。

“诚信,从我做起”演讲比赛实施方案

活动目的	
活动地点	
活动准备	
活动过程	
注意事项	

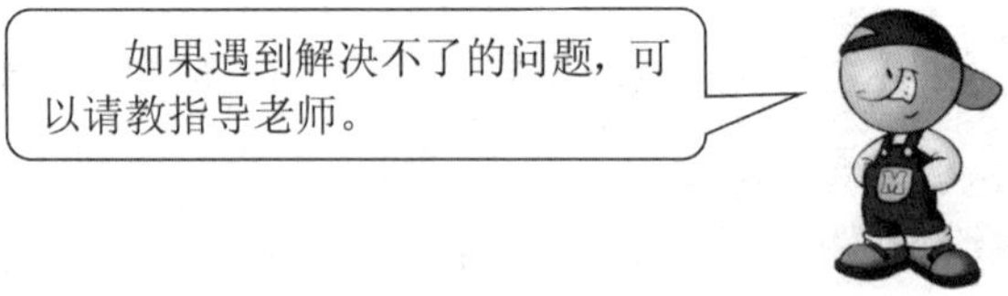

(2)利用收集到的各种资料,办一期图文并茂的专题手抄报。评一评,比一比,看谁的诚信手抄报做得好!

2. 评价与反思

《诚信,从我做起》研究活动评价表

姓名: 班级: 评价日期:

评价项目	得星数	总评
对诚信有了更多的了解。	☆☆☆☆☆	
利用网络等途径查找信息的能力有所提高。	☆☆☆☆☆	
诵读、写作、绘画等水平进一步提高。	☆☆☆☆☆	
积极参加诚信演讲比赛。	☆☆☆☆☆	
设计制作的诚信书签比较精美。	☆☆☆☆☆	
诚信手抄报独具一格。	☆☆☆☆☆	
小组同学合作能力进一步提高。	☆☆☆☆☆	
互动回音壁	爸爸妈妈说:	
	小伙伴的话:	
	老师寄语:	

(总评说明 A:26 颗☆以上 B:20~25 颗☆ C:14~19 颗☆ D:13 颗☆以下)

我还想研究

关注自我

主题二　我来竞选班干部

活动目标

1. 通过本次综合性学习,能让学生初步明白民主生活的意义,树立现代民主意识,增强关注社会、关心国家大事的意识和积极参与的态度。

2. 通过本次综合性学习,学生能正确行使自己在民主生活中的权利,并主动参与班级、学校的民主生活,在管理好自己的基础上,提高参与学校、班级各项工作的意识。

3. 通过本次综合性学习,能让学生了解班级、学校民主生活的基本原则及表现形式,了解民主选举的一般程序。初步懂得在社会民主生活中权利和义务相统一的原则,掌握一些民主生活中的基本方法和规则,初步了解有关社会民主生活的常识。

设计构想

1. 本单元分别从民主选举、民主协商、民主参与、民主管理、民主监督等方面对学生进行初步的民主意识培养。教材选择了贴近学生生活的事例作为话题,让学生交流,从中感受民主生活的现实意义。

2. 本单元在对学生进行民主意识培养的同时,还注意提高学生参加民主生活的能力。让学生从最接近、最常见的事入手,通过参与、讨论、比较等,学习民主生活的一些基本方法,培养参与民主生活的能力。

3. 通过综合性学习,能够让学生了解在民主生活中权利与义务是并存的。因此,本单元在体现各种民主生活时,十分注意权利与义务的联系,让学生从小感受到民主生活的这一基本特征,学会在行使自己权利的同时自觉履行自己的义务。

参考主题

1. 我来竞选班干部

2. 我的教室我设计

3. 我来策划“六一”儿童节

实践方式

网络查询、实地考察、调查采访、问卷调查、设计制作、实践体验、宣传倡议、志愿服务等

整合学科

《品德与社会》下册第三单元第1课《班队干部大家选》、第2课《集体事情大

家定》、第 3 课《做一个积极的参与者》、第 4 课《社会生活中的民主》

课时建议

4—5 课时

我来竞选班干部

同学们，班干部在班级生活中作用非常大，我们每个人都是班级的主人，都有参与班级管理的权利。那我们怎样才能通过竞选班干部参与到班级管理中去呢？现在，我们就来了解这些程序。

问题与思考

我的问题

1. ______
2. ______
3. ______

……

方案与设计

做任何事情都要有计划，开展主题实践活动课题研究同样如此。确定了活动主题，为了使我们的研究有条不紊地进行，就需要分小组制订和设计活动方案。小组通过讨论协商和初步调研，提出本小组实施课题的计划和方案，该方案至少包括三个方面：一是要做什么，即要制定课题研究的目标和内容；二是怎么做，即制定课题研究的步骤和方法；三是做成什么样的结果，即制定课题成果的呈现形式。研究课题确定后，要求每一个研究小组认真讨论，共同拟定整个研究活动的计划，形成具体完整的研究方案，并明确小组内各成员的分工。

（　　）小组活动方案

活动主题		指导教师		
小组成员		组长		
活动目标				
活动内容与步骤	时间	方法	人员分工	成果形式
活动 1	第一周			
活动 2	第二周			
活动 3	第三周			

实践与体验

活动 1：当选班干部的标准

你觉得当班干部需要哪些标准？你需要做好哪些准备？请同学们带着这些问题做个小调查吧，认真了解在班级生活中应如何当好班干部。

当选班干部标准调查表

对个人自身的要求	对班级工作的要求	对同学、老师的要求

调查结束后，统计调查数据，我们一起分享。

我的发现：________________________________

我的感悟：________________________________。

请同学们分小组讨论以上的调查结果,并对照讨论结果找出自己的优势和不足。

我的优势:____。

我的不足:____。

小博士

竞选班干部的基本条件:

1.真心实意为同学和班级服务,真正做到“厚德载物”。
2.视集体的荣誉如生命,勇于与有损班集体荣誉的人和事做斗争。
3.学习上要力争上游,能做到“自强不息,永不言败”。
4.学习努力刻苦、一丝不苟,能起到带头学习的作用。
5.坚持原则,忠于职守,严于律己,宽以待人。
6.能得到多数同学的拥护和帮助。

活动2:班干部的选举程序

通过小调查你一定了解了选举班干部的很多标准,那么,你知道是怎么选举班干部的吗?班干部的选举应该做好的准备是什么?

以上问题你知道答案吗?我们来收集这方面的资料吧!

我收集资料的方法:____

我了解到的选举班干部应做好的准备:首先,________________________

其次,____

最后,____

通过收集资料,我的观点:____________________________________

资料在线

班干部竞选稿的撰写要求

标题写在作文题目的正中间。

称呼：尊敬的老师、亲爱的同学们。(格式为另起一行顶格写，后面用冒号。)

问候语：一般为大家好。格式另起一行空两格写，后面用感叹号。

开场白：可以为自我介绍，我叫×××,也可以幽默一些，如：我不用介绍大家都认识我，我就是大家心目中最爱思考的×××。我今天竞选的职位是学习委员。(格式为另起一行空两格写)。

主要内容：讲清竞选这个职位的原因，自己的优势有哪些，如果竞选成功怎样为大家服务，竞选不上不气馁等。这是文章的重点，应详细写。(格式为另起一行空两格写。)

结束语：结束语可以写得高调一些，如只要你选择了我，我一定不会让你失望，希望大家把宝贵的一票投给我；也可以低调些，如如果我没有竞选成功，也不会气馁，我会协助班干部做好班级工作，为下次竞选打下良好的基础。请看我的行动吧!

活动3:我来竞选班干部

每个学生都有面向全班、面向同学锻炼的机会,让每个学生都能得到成长和发展。竞选班干部会让学生初步感受竞争,树立竞争意识,在竞争中锻炼自己的意志力和承受能力。

1. 我想先查找竞选班干部的活动议程。

我查找的方式:______________________________

我查找到的结果:______________________________

资料在线

竞选班干部活动议程

一、班主任宣布竞选班干部活动正式开始。

二、宣布参加本届班干部的选拔需具备的条件。

三、班主任宣布竞选职位、职责。

四、宣布本次参加班干部竞选的候选名单。

五、候选人抽签排号，按顺序进行竞选演讲。

六、当场进行无记名投票，如现场唱票未过半数则重新投票。

七、班主任宣布新一届班委会成员。

八、班主任对新一届班委提出要求并颁发干部证书。

2. 我要大胆展示自己。

我做好了充分的准备：

首先，____

其次，____

最后，____

我大胆走上讲台，要注意：

第一，____

第二，____

第三，____

3. 我和同学们一起选出心目中的班干部，我投票，我自豪，我行使自己的民主权利。

4. 统计选票也是我们的民主权利，我要认真行使这项权利。

5. 班主任公布竞选结果，我要遵照执行，因为这是全班同学的意见，也是行使民主权利的结果。

6. 我来说说自己的感受：____________________________

小博士

小学生的权利和义务

每一个小学生都享有生存的权利、发展的权利和受到保护的权利。在教育方面，小学生有受教育的权利，并应有足够的休息时间、游戏时间，当遭受疾病或任何危险时，小学生有权获得父母及其他法定监护人的及时保护。小学生的人身权利受到法律的保护，父母可以对小学生进行必要的约束，但应充分尊重小学生的人身权利，教师不能对小学生进行行为和言语上的人身攻击。无论是教师还是家长，都应该尽最大的可能保证小学生享有生存和发展的权利。

但是，小学生在享受其权利的同时还要承担在学习中的责任。责任感不仅仅是对老师负责，做到老师的要求，它不是靠单一的说教灌输形成的，而是需要真正让学生去体验、去感受才能形成的。因此，要让学生在感受现实中增强责任感，让他们从小事做起，体验、明确学习的责任。

同学们,我们从小就要培养自己的民主意识,同时还要提高自己的民主参与能力,这样才能更好地享受社会生活中的民主权利,更好地履行自己的民主责任。

通过这次实践活动,你对学校生活中的民主有了哪些新的认识?

我的收获:________________

我的研究方法:________________

下次活动中我要注意的问题:________________

在实践探究的过程中,你肯定又产生了一些感兴趣的问题,大胆地提出来并想办法去解决。

我与自然

主题三　探索节能小窍门

活动目标

1. 通过观察身边的节约资源现象,知道节约资源的重要性,懂得珍惜资源。

2. 增强节能意识,启发引导学生在生活中积极采取节约的方法,从我做起、从身边小事做起。

3. 培养学生运用所学知识解决生活中的问题以及设计方案的能力。

设计构想

1. 本单元围绕"习俗与文明"这一主题组织活动内容,从学生身边非常密切的家庭节约小妙招入手,让学生深刻了解资源给我们的生活带来的影响,重视对社会生活基本能力和学习、探究能力以及公民道德的培养,让学生从小认识和关注社会问题,树立环保意识,做到身体力行。

2. 本单元为同学们准备了三个参考主题,供同学们选择研究。项目设计从学生生活联系最密切的垃圾入手,以"我家的节约小妙招"主题为例,说明研究的步骤与方法,帮助同学们打开探索之门;指导学生通过观察、思考、探究等亲身体验的方式,了解节约资源的重要性、人们生活中的节约习惯,最终达到知、情、意、行的和谐统一。

参考主题

1. 我家的节能小妙招
2. 调查生活中的浪费现象
3. 国外环保节能对我的启示

实践方式

网络查询、实地考察、调查采访、问卷调查、设计制作、实践体验、宣传倡议、志愿服务等

整合学科

《环境教育》第一单元《习俗与文明》第1课《给动物让路》、第2课《"煮鸡蛋"的思考》、第3课《"游动"的蒙古包》、第4课《一次婚礼》

课时建议

5—6课时

我家的节能小妙招

大家都知道地球是我们人类唯一的家园，但是随着人口的不断增长和人们无节制的利用，地球资源越来越少，将来我们的子孙后代将无法生存。

问题与思考

我的问题

1. ______
2. ______
3. ______

……

方案与设计

古人说:“凡事预则立,不预则废。”做事有了目标和计划才能事半功倍。确定了感兴趣和需要研究的问题,接下来就需要分小组制订一个活动方案啦！我们一起来讨论交流研究哪些内容、小组成员怎样分工更合理、先做什么、再做什么。方案做好了,行动起来才有目标,做起事来更有条理。

(　　　)小组活动方案

<table>
<tr><td>活动主题</td><td colspan="2"></td><td>指导教师</td><td></td></tr>
<tr><td>小组成员</td><td colspan="2"></td><td>组长</td><td></td></tr>
<tr><td>活动目标</td><td colspan="4"></td></tr>
<tr><td>活动内容与步骤</td><td>时间</td><td>方法</td><td>人员分工</td><td>成果形式</td></tr>
<tr><td>活动 1</td><td>第一周</td><td></td><td></td><td></td></tr>
<tr><td>活动 2</td><td>第二周</td><td></td><td></td><td></td></tr>
<tr><td>活动 3</td><td>第三周</td><td></td><td></td><td></td></tr>
</table>

实践与体验

活动 1:为什么要节约资源

同学们,自古以来,中华民族一直以节俭为美德。现在,经济发展了,收入增加了,日子过得更好了,我们为什么还要节约资源？生活中有哪些浪费现象？节约资源对我们来说有什么意义？

让我们通过查阅资料、调查采访等方法,了解我们生活中节约资源的重要性吧！

节约资源的重要性调查表

生活中的资源	意义	学习资源	意义
水		纸	
电		笔	
……		……	

调查结束后,统计调查信息,你会发现什么？

小博士

节约资源的重要性

我们这个拥有13亿人口的大国，如果每个人都不注意节约资源，那么积羽沉舟，我们的资源将无法承载中华民族的发展之舟。

在日常生活中，淋浴擦肥皂时关掉水龙头，一次洗澡可以节约60升水；用口杯接水刷牙，只需0.5升水，如果让水龙头开5分钟，则要浪费45升水；洗菜时用盆接水洗，而不是开着水龙头冲洗，做一顿饭可节省100升水……

滴水成河。如果有13亿人口的中国能做到厉行节约、反对浪费，那么汇集的力量将不仅是我们国家走向未来的支撑，而且也是我们对地球和人类的馈赠。

活动2：节约资源小妙招

资源与我们的生活息息相关，在一些不经意的举动中也许我们就浪费了许多的资源。生活中你是否注意节约？你都是怎么做的？请把你在生活中节约资源的过程用照片或视频记录下来，和同学一起分享吧！

小妙招

妙招一：________________________________

妙招二：________________________________

……

随着生活水平的提高，人们需要的资源越来越匮乏，节约资源越来越得到人们的重视，让我们寻找一下生活中人们节约的好习惯有哪些吧！

资料在线

生活中的节约习惯

加拿大人把自己不要的东西放到外边，希望需要的人能拿去继续使用。

我们家夏天空调温度设定在27摄氏度。

美国洗洁精瓶子的瓶口很细小，瓶盖摘不下来，用后全部回收。

……

为了节约资源，人们在生活、工作中已经自发地寻求节约资源的方法，让我们找一找身边的节约小妙招。

小博士

家庭节约妙方

1. 用桶接水来洗拖把比直接用水冲洗拖把更省水。

2. 淘米水可用来洗菜或洗碗，洗完菜的淘米水还可用于浇花，剩余的茶水可用来擦家具。

3. 家里洗餐具时，最好先用纸把餐具上的油污擦去，再用热水洗一遍，最后才用温水或冷水冲洗干净。

4. 淋浴时要抓紧时间，全身淋湿后马上关喷头，用肥皂或沐浴液搓洗，一次冲洗干净。

5. 把洗好的米放在锅里浸泡30分钟，再用温水或者热水煮，能节省30%的电。

6. 家庭用的电热饮水机反复加热、保温耗电量大，而传统的真空瓶胆的保温瓶保温效果好且省电。

活动3：辩论与思考

生活中有很多人认为："我已经交水费电费，所以我可以随意使用水电，不用节约。"这种观点对吗？你是怎样理解的，请同学们自发分成正反两方进行辩论。

小辩论

甲方：水电可以随意使用，不用节约。

乙方：虽然已经交费，但仍然需要节约。

我们的辩论过程：

甲：我已经交费，我也为我获取的资源付出了相应的金钱，所以可以随意使用。

乙：水、电无论如何都不能浪费。钱是你的，但资源是大家的。

甲：……

乙：……

通过这次实践活动，你对节约资源有了哪些新的认识？

我的收获：______________________________。

我的研究方法：______________________________。

下次活动中我要注意的问题：______________________________。

经过辩论，我们得到的一致意见：______________________________。

活动4：节约资源我行动

地球资源再也不能任意浪费了，否则，不久的将来，地球上的最后一滴水将会是人类的眼泪！“不积跬步，无以至千里；不积小流，无以成江海。”请同学们和家长一起从身边的小事做起，从节约每一滴水、每一度电做起，为节约资源做出贡献。

制定生活中的节约计划，并坚持去做。

我的节约计划

总结与交流

通过这次实践活动，你对节约资源有了哪些新的认识？

我的收获：______________________________

我的研究方法：______________________________

下次活动中我要注意的问题：______________________________

我还想研究

在实践探究的过程中，你肯定又产生了一些感兴趣的问题，大胆地提出来并想办法去解决。

我与自然

主题四　给垃圾找"家"

活动目标

1. 细致观察家庭及周边的生活环境，了解地球资源的有限性及每一种资源和物品都来之不易；了解循环使用的意义。

2. 学会收集和筛选资料，确立研究的主题，运用调查、采访、探究、归纳等方式分析问题产生的原因，分析、思考如何改变现状。

3. 从自身做起，减少一次性用品的使用，学会珍惜资源、循环使用、变废为宝。

设计构想

1. 本单元围绕"循环使用"这一主题组织活动内容，从学生身边非常密切的纸张、水、一次性用品开始，重点让学生了解资源来之不易，应当减少自然资源的消耗，做到循环使用、物尽其用，重视对社会生活基本能力和学习探究能力以及公民道德的培养，让学生从小认识和关注社会问题，树立环保节约意识，做到身体力行。

2. 本单元为同学们准备了四个参考主题，供同学们选择研究。项目设计从学生生活联系最密切的垃圾入手，以"给垃圾找家"主题为例，说明研究的步骤与方法，帮助同学们打开探索之门。指导学生通过观察、思考、探究等亲身体验的方式，了解垃圾分类、垃圾回收、垃圾再利用，最终达到知、情、意、行的和谐统一。

参考主题

1. 给垃圾找"家"

2. 一张纸的旅行

3. 污水变清

4. 身边的一次性物品

实践方式

网络查询、实地考察、调查采访、问卷调查、设计制作、实践体验、宣传倡议、志愿服务等

整合学科

《环境教育》第二单元《循环使用》第 1 课《一张纸的旅行》、第 2 课《污水变清》、第 3 课《身边的一次性用品》、第 4 课《给垃圾找“家”》

课时建议

4—5 课时

给垃圾找“家”

同学们,你们知道吗?与日俱增的垃圾已经严重影响了我们的生活。据有关资料统计:全球每年的生产、生活垃圾达 100 亿吨,平均每人近 2 吨。有许多垃圾可以作为再生资源得到有效利用,这样对保护环境、造福社会,都具有十分重要的意义。

问题与思考

我的问题

1. ______________________________

2. ______________________________

3. ______________________________

……

方案与设计

( )小组活动方案

活动主题		指导教师		
小组成员		组长		
活动目标				
活动内容与步骤	时间	方法	人员分工	成果形式
活动 1	第一周			
活动 2	第二周			
活动 3	第三周			

实践与体验

活动 1:生活垃圾小调查

垃圾按照产生的来源分类,主要有生活垃圾、工业垃圾、建筑垃圾等。随着时代的进步还出现了一些新型垃圾,如太空垃圾、电子垃圾等。生活垃圾有哪些呢?请同学们调查一下自己家中生活垃圾产生的情况。

家庭生活垃圾调查表

时间 垃圾种类(千克)	周一	周二	周三	周四	周五	周六	周日	合计
可回收垃圾								
不可回收垃圾								
厨余垃圾								
其他垃圾								
总计								

调查结束后,统计调查数据,计算出每个家庭及全班所有家庭每周产生的生活垃圾数量,你会发现什么?

感兴趣的同学还可以到垃圾处理厂去亲自考察,你一定会收获多多。

小博士

城市生活垃圾按源头分类

一、厨余物：水果蔬菜类、骨头类、茶包和咖啡包、罐装食品类、鱼肉类、面包类、鸡蛋、坚果壳类、餐巾纸、可降解的垃圾塑料袋等。

二、不可回收垃圾：吸尘器清洁袋、街道垃圾、灰尘、儿童尿布、棉毛类、卫生纸、香烟头、动物排泄物、瓷器类、石头类、陶器类、灯泡类、烘箱包装纸、墙纸、胶带纸、复写纸等。

三、可回收废弃物：包装垃圾，包括塑料包装袋、药品包装、压缩包装、奶制品的包装等；大宗垃圾，包括橱柜、沙发、桌子、床、床垫、地毯、自行车、炉子、洗衣机、玻璃等；纸类垃圾，包括报纸、期刊、纸箱、纸板等。

四、有害垃圾：电池、颜料、油脂、节能灯、日光灯管、日用化学物质、杀虫剂、除草剂等。

活动2：垃圾处理学问大

由于垃圾数量与日俱增，给环境带来很大的压力，人们对垃圾的处理也越来越关注，在综合处理垃圾方面也采取了一些措施。怎样处理这些垃圾呢？你了解垃圾处理的方法吗？

我收集资料的方法：________________。

我了解到的垃圾处理的方法：________________。

通过收集资料，我的观点：________________。

资料在线

垃圾的产生很容易，但垃圾的分解却是一个漫长的过程。下面是一些常见垃圾的分解周期。

种类	烟头	尼龙织物	皮革	易拉罐	塑料	玻璃
分解时间	1～5年	30～40年	50年	80～100年	100～200年	1000年

我们了解了这么多垃圾处理的方法，我们身边的人又是如何处理垃圾的呢？小组来调查一下周围不同的人对不同的垃圾采取了哪些处理方法。

垃圾处理小调查

调查对象	垃圾种类	处理方法
邻居		
菜店老板		
洗衣店		
……		

调查总结

实际状况：________________

存在的问题：________________

我的建议：________________

小博士

你知道吗？

通过综合处理、回收利用垃圾，可以减少污染、节省资源。每回收1吨废纸可造好纸850千克；每回收1吨塑料饮料瓶可获得0.7吨二级原料；每回收1吨废钢铁可炼好钢0.9吨，比用矿石冶炼节约47%的成本，减少75%的空气污染，减少97%的水污染和固体废物污染。

活动3：减少垃圾我行动

“垃圾是放错地方的资源。”除了以上同学们调查到的垃圾处理的方法，我们还可以通过给垃圾找“家”的方法来减少垃圾的产生。

1. 减少垃圾产生的方法

请同学们把好的建议汇总起来：________________

资料在线

垃圾分类标志你了解吗？

2. 循环使用，变废为宝

怎样把垃圾回收利用起来，变废为宝？把同学们好的建议汇集起来，让我们小手拉大手一起行动，共同参与到给垃圾找“家”的行动中来。

总结与交流

通过这次实践活动，你对生活垃圾有了哪些新的认识？

我的收获：________________________________。

我的研究方法：____________________________。

下次活动中我要注意的问题：______________________。

我还想研究

在实践探究的过程中，你肯定又产生了一些感兴趣的问题，大胆地提出来并想办法去解决。

我与自然

主题五　争做环保小卫士

活动目标

1. 通过让学生认识随地吐痰的危害，懂得不能随地吐痰的原因，自觉维护生活环境。

2. 使学生知道在不同情况下需要吐痰时应怎样做，教育他们养成不随地吐痰的好习惯。

3. 让学生初步知道吐痰这件个人小事与公共卫生、道德水平之间的关系，做一名维护环境卫生的小卫士。

设计构想

1. 本单元围绕“生活与环境”这一主题组织活动内容，从学生身边非常密切的一口痰的危害入手，重点让学生了解随地吐痰造成的污染及传染的疾病，让学生深刻认识随地吐痰给我们的生活带来的危害，重视对社会生活基本能力和学习探究能力以及公民道德的培养，让学生从小认识和关注社会问题，树立环保意识，做到身体力行。

2. 本单元为同学们准备了七个参考主题，供同学们选择研究。项目设计从学生生活联系最密切的垃圾入手，以“一口痰的危害”主题为例，说明研究的步骤与方法，帮助同学们打开探索之门。指导学生通过观察、思考、探究等亲身体验的方式，了解吐痰的危害，提出防止随地吐痰的建议，最终达到知、情、意、行的和谐统一。

参考主题

1. 小区的环境调查

2. 城市“牛皮癣”

3. 一口痰的危害

4. 我们吸进了什么
5. 变废为宝我能行
6. 布置我的房间
7. 做个环保提示牌

实践方式

网络查询、实地考察、调查采访、问卷调查、设计制作、实践体验、宣传倡议、志愿服务等

整合学科

《环境教育》第三单元《生活与环境》第1课《小区的环境》、第2课《城市"牛皮癣"》、第3课《一口痰的危害》、第4课《我们吸进了什么》、第5课《把废品变成艺术品》、第6课《布置我的房间》、第7课《做个环保提示牌》《绿色志愿者:家乡的小河》《童眼看法规:生命之源的保护》

课时建议

5—6课时

一口痰的危害

《南方都市报》于2007年4月与有关单位联合发起"影响环境卫生十大不文明行为或现象"评选。3天内,共有147人次通过上网、打电话等方式参与评选。随地吐痰位居十大不文明黑榜的榜首。随着社会不断发展进步,人们的物质生活得到改善,文化素质也有极大提高,随地吐痰的现象仍然时有发生,严重影响了我们的生活环境。

问题与思考

我的问题

1. ____________________
2. ____________________
3. ____________________

……

方案与设计

古人说："凡事预则立，不预则废。"做事有了目标和计划才能事半功倍。确定了感兴趣和需要研究的问题，接下来就需要分小组制订活动方案啦！我们一起来讨论交流研究哪些内容、小组成员怎样分工更合理、先做什么、再做什么。方案做好了，行动起来才有目标，做起事来更有条理。

（　　）小组活动方案

活动主题		指导教师		
小组成员		组长		
活动目标				
活动内容与步骤	时间	方法	人员分工	成果形式
活动1	第一周			
活动2	第二周			
活动3	第三周			

实践与体验

活动1：随地吐痰危害大

由于随地吐痰，给环境带来的污染很大，人们对随地吐痰的危害也越来越关注，但很多人难以改变随地吐痰的习惯，那么随地吐一口痰，到底有多大的危害呢？

我收集资料的方法：____________________。

我了解到的随地吐痰的危害：____________________。

通过收集资料，我的观点：____________________。

资料在线

患有呼吸系统疾病的人会产生大量的痰液，痰液中有成千上万的病菌，痰液可传播非典型肺炎、肺结核、流行性感冒、霍乱、麻疹等疾病。如果随地吐痰，痰中致病微生物会飘散到空气中，健康人呼吸了带有致病微生物的空气，就可能感染疾病。

活动 2:随地吐痰现象调查

我们了解了这么多随地吐痰的危害,我们身边的人又是如何看待随地吐痰的呢？当你想吐痰的时候,你会怎么做?

随地吐痰小调查

选择不同年龄层次、不同工作的人员进行观察,在平时的工作、学习、生活中他们会随地吐痰吗？如果有,随地吐痰的情况多吗？请你经过观察、记录后再进行实地调查,他们想吐痰时都会怎么做?

调查对象	观察:随地吐痰现象	采访:想吐痰时怎么做
小学生		
中学生		
叔叔、阿姨		
爷爷、奶奶		
……		

调查总结

实际状况:____________________。

存在的问题:____________________。

我的建议:____________________。

活动 3:减少吐痰方法多

了解了吐痰对生活环境和空气的污染,对环境的危害,为什么很多人仍然会随地吐痰呢?

我收集资料的方法:____________________。

我了解到的减少吐痰的方法:____________________。

通过收集资料,我的观点:____________________。

小博士

减少排痰的方法

办法一：不吸烟。

办法二：放松情绪，有助于减少想吐痰的感觉。

办法三：不断改变呼吸法，有助于习惯性吐痰者改变坏习惯。

办法四：锻炼是最好的防御办法。有氧运动能增强肺部弹性，从而强健呼吸系统。

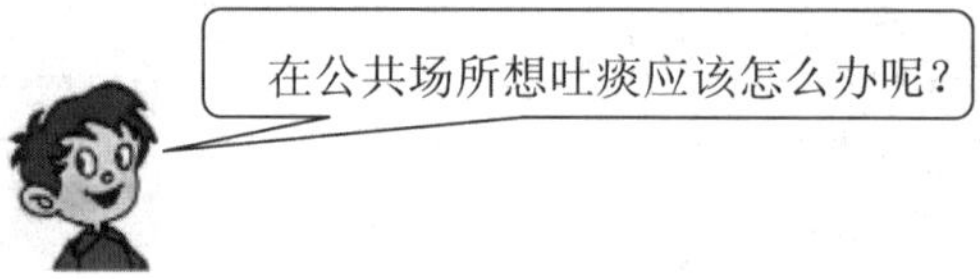

我的方法：

1. 吐在面纸里，然后包起来扔进垃圾桶里，注意面纸要厚一点，不要侧漏。

2. 找到洗手间，吐到洗手间里。

3. ……

活动4：拒绝恶习我行动

小小一口痰，细菌千千万。传播多种病，害人真不浅。影响环境美，人人都讨厌。今后，为了给我们创造一个优美整洁的环境，你知道应该怎样做了吗？看到有人随地吐痰，你又会怎样做呢？让我们一起行动起来，别让随地吐痰吐掉文明！

防止随地吐痰的建议。

我的建议

总结与交流

通过这次实践活动,你对随地吐痰有了哪些新的认识?

我的收获:______________________________

我的研究方法:______________________________

下次活动中我要注意的问题:______________________________

我还想研究

在实践探究的过程中,你肯定又产生了一些感兴趣的问题,大胆地提出来并想办法去解决。

五年级主题课程资源

关注自我

主题一　男生、女生相处有学问

活动目标

1. 围绕研究主题，提出感兴趣的研究问题，运用多种方法收集资料，解答心中的疑惑。

2. 通过调查、采访，学会理解和尊重异性同学的性别差异，珍视朋友之间的友谊，学习与人相处的方法。

3. 从自身做起，塑造积极向上、活泼健康的自我形象，与同学、朋友及他人和谐交往，建立健康的友谊与和谐的关系。

设计构想

1. 本单元围绕“你我同行”这一主题组织活动内容，让学生通过调查、了解，感悟友谊对我们很重要，要珍爱友谊，通过探索、实践活动体验怎样和异性交往，设身处地地为他人着想，并从自身做起，与他人建立健康的友谊与和谐的人际关系。

2. 本单元为同学们准备了三个参考主题，供同学们选择研究。项目设计以“走近男生、女生”主题为例，说明研究的步骤与方法，帮助同学们打开探索之门。指导学生通过观察、思考、探究等亲身体验的方式，了解不同性别的学生在生理和心理上的性别差异，能够理解及尊重朋友，懂得友谊的意义，愉快地在集体中生活，最终达到知、情、意、行的和谐统一。

参考主题

1. 走近男生、女生

2. 朋友之间

3. 学会和谐相处

实践方式

调查采访、模拟演练等

整合学科

五年级《品德与社会》下册第一单元《你我同行》第1课《男生和女生》、第2

课《朋友之间》、第3课《学会和谐相处》

课时建议

4—5课时

男女生相处有学问

同学们，我们到了五年级，有没有发现我们周边发生了变化，有的同学的个子长高了，有的同学说话的声音变了，男生、女生之间的交往有点不好意思了，等等。今天，我们一起来走近男生和女生，发现优点、寻找差异、和谐交往，让我们的学习和生活变得丰富多彩。

问题与思考

我的问题

1. ____________________
2. ____________________
3. ____________________

……

方案与设计

同学们，我们确定了研究主题，接下来我们就分成四个研究小组，每个小组进行一下分工，组长记录一下你们小组的活动方案。

（　　　）小组“走近男生、女生”活动方案

活动主题		指导教师	
小组成员		组长	
活动目标			

续表

活动内容与步骤	时间	方法	人员分工	成果形式
活动1：	第一周			
活动2：	第二周			
活动3：	第三周			

实践与体验

活动1：认识男生、女生

男生和女生在同一所学校、同一个班级学习和生活，他们朝夕相处，他们彼此了解吗？我们眼中的男生、女生在性别上有哪些差异？各自又有哪些优点呢？让我们一起来做个小调查吧。

“我眼中的男生、女生差异与优点”小调查

	男生	女生
与同学谈论比较多的话题		
喜欢的运动		
喜欢画的画		
喜欢做的游戏		
下课最先跑出教室		
他（她）有哪些值得称赞和欣赏的地方		
……	……	……

通过上面的小调查，我发现：

男生、女生的兴趣爱好分别是____________________。

男生、女生的性格特征分别是____________________。

男生、女生的行为举止分别是____________________。

通过上面的交流，我还发现：

男生、女生的优点分别是____________________。

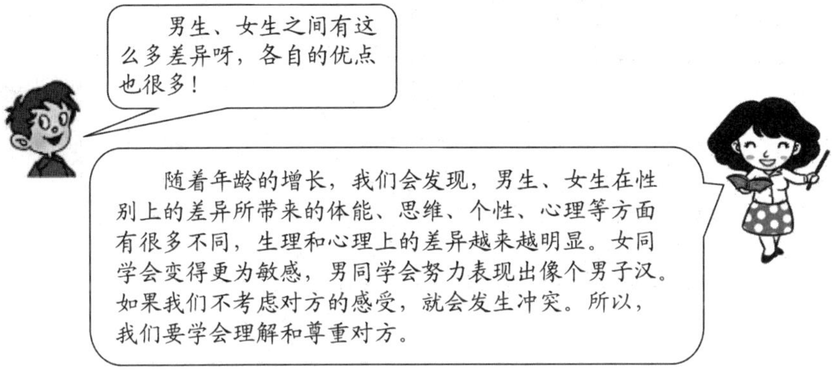

活动2:男生、女生交往烦恼大追踪

在我们的学习与生活中,男生、女生无论是外在表现,还是内在性格,既有很多共同点,又存在很多差异,真是“男女有别”呀！男生、女生在交往过程中,因为性格的差异或彼此不了解,也会遇到不少问题,少不了冲突与误解,真令人烦恼。你有过类似的体验吗？让我们一起来采访一下班上的同学,将大家遇到的烦恼和困惑记录下来。

“男生、女生交往烦恼大追踪”调查表

1. 你和男(女)同学有过冲突(误解)吗？ 你们之间交往的烦恼是什么？	
2. 你希望对方怎样做？	
3. 你觉得自己怎样做才能消除烦恼？	
4. 男生、女生怎样交往才能不让人误解、才能不羞涩？	
5. 你希望得到谁的帮助？	
……	

通过调查、分析,我发现了:

男同学、女同学交往的烦恼主要是________________________

产生烦恼的主要原因是____________________________

小博士

男女生交往

交往是人的基本需要之一，没有交往，人不能发展。同性之间的交往与异性之间的交往都是很重要的。在小学高年级阶段，我们交往的对象慢慢地由同性向异性转移，这是一种心理需要。因为在与异性的交往中，能体会到与同性交往所不能获得的感受。如果希望愉快相处，就要留意异性同学的闪光点，用欣赏的眼光去看对方。这样，我们也会感受到被人欣赏的快乐。

活动3：男生、女生交往烦恼大解决

男生和女生密不可分，共同组成一个班级，就像绿叶和鲜花，相互映衬。男生、女生之间因为距离大了，在交往相处时，难免会有这样那样的问题和冲突。男生、女生怎样才能和谐相处？男生、女生交往时遇到了烦恼，我们都有哪些好的解决方法呢？让我们试着通过一定的途径找到解决问题的好方法。

我寻找方法的途径：______________。

我整理的建议：

1. ______________________________

2. ______________________________

3. ______________________________

……

小博士

男生、女生如何度过“异性疏远期”？

小学五年级的学生刚刚进入青春期，随着生理和心理的发展，两性差异开始明显。男生、女生的相处，逐渐从两小无猜进入“异性疏远期”，这是孩子们成长过程中的过渡阶段。在父母和老师的帮助下，我们能自然地度过这一“不自然”的交往期，如学会了解异性同学的特点，理解彼此的差异，相互尊重、相互理解，必要的时候做换位思考，用接纳、理解的态度去化解与异性交往中的矛盾，用欣赏、学习的态度与异性和谐相处。这样就能感受友好相处的乐趣，实现班级的和谐发展。

活动4:“好男孩、好女孩”在行动

1.“好男孩、好女孩”形象调查

发现异性同学的闪光点,树立我们心中“好男生”“好女生”的新形象,可以让我们的交往更和谐。怎样才算是好男孩或好女孩呢?不同的人有不同的看法,有的注重相貌,有的注重气质,有的注重才能,也有的注重品德和修养……我们一起来调查一下周围的人,看看大家都喜欢什么样的男孩或女孩。

“我心目中的好男孩和好女孩”调查表

调查对象	理想男孩的标准	理想女孩的标准

通过用心的调查和思考,你一定有话对大家说,请把心里话说出来吧!

我想对男孩说:____。

我想对女孩说:____。

资料在线

让男生欣赏的女孩：经常脸上有微笑，温柔大方的女孩；活泼而不疯癫，稳重而不呆板的女孩；清纯秀丽、笑起来甜甜的女孩；心直口快、朴素善良、随和的女孩……

受女生欢迎的男孩：大胆、勇敢的男生；幽默诙谐的男生；思维敏捷、善于变通的男生；好学敏捷的男生；团结同学、重友情的男生；集体荣誉感强的男生；有主见的男生……

——摘自《少男、少女》杂志

2. “好男孩、好女孩”形象演练

随着年龄的增长，我们越来越注重自己的形象。女孩喜欢打扮自己，男孩希望在女孩面前表现得更好一些，大家都想给对方留下好印象，用自己良好的表现赢得别人的好感。那我们赶快结合自己的特点，自行设计一个更富有个性的好男孩或好女孩的形象吧，做一个更棒的自己！

拥有良好的自我形象就像拥有一张闪亮的名片，它会使你受到更多人的喜欢，被更多人接受和理解。通过用心设计和思考，我为自己设计的好男孩（好女孩）形象是

____

____

小博士

自我形象塑造

人具有外在美，包括形体美、相貌美、修饰美等。人除了外在美，还有内在美。内在美是人的精神、心灵方面的美，是人的美的灵魂。它主要包括理想美、品德美、智慧美。内在美和外在美的统一便体现出一种风度美，反映在待人接物、言谈举止上，包括语言美、姿态美、行为美。真正能给人留下好印象的，不仅仅是外在形象，更取决于内在气质和良好的品行、修养。

总结与交流

通过这次实践活动，我有了哪些新的认识？

我的收获：____________________________。

我的研究方法：____________________________。

下次活动中，我要注意的问题：____________________________。

我还想研究

关注自我

主题二　关注校园安全

活动目标

1. 学会从多角度观察校园，发现安全隐患；能够主动参与实践，了解校园安全隐患的种类及内容。

2. 能够自觉认识到校园安全的重要性，强化安全意识，防止意外伤害事故的发生；能够结合实际提出加强校园安全的改进建议。

3. 能够通过活动自觉树立关心集体、关心他人就是关心自己的意识；能够为共同建立平安校园而努力。

4. 培养团队合作精神，小组成员有良好的时间观和纪律观，有明确的分工，明确自己的责任，努力完成自己的任务，通过自主探究、合作交流，分享成功的喜悦。

设计构想

1. 本单元围绕“安全自护”这一主题组织活动，从校园安全开始，重点指导学生观察校园，发现安全隐患，认识到校园安全的重要性，强化安全意识，防止意外伤害事故的发生，重视对实践探究能力、调查访问能力的培养，让学生关注安全问题，强化安全意识。

2. 本单元为同学们准备了四个参考主题，供同学们选择研究。项目设计从“校园安全”入手，以“校园自护”主题为例，说明研究的步骤与方法，帮助同学们打开探索之门。同时，通过观察、思考、探究等方式，了解、发现不安全隐患，认识到校园安全的重要性，强化安全意识，提高校园安全防范能力，最终达到知、情、意、行的和谐统一。

参考主题

1. 校园自护 ABC
2. 关注防火安全
3. 关注饮食安全
4. 传染病的预防

实践方式

网络查询、实地考察、调查采访、设计制作、实践体验、志愿服务等

整合学科

五年级《品德与社会》上册第一单元第 4 课《学会拒绝》,《安全教育》第 1 课《怎样保护自己》、第 2 课《远离校园暴力》、第 3 课《饮食与健康》、第 4 课《怎样预防食物中毒与铅中毒》、第 5 课《怎样预防传染疾病》、第 6 课《家庭防火》,三年级《安全教育》第 4 课《防止校园内的人为伤害》

课时建议

4—5 课时

关注校园安全

校园是学习知识的地方,是充满欢歌笑语的地方。有时,我们在班上跑跑跳跳,在校园里互相追逐嬉戏,玩得很开心,可是这隐藏了多大的危险啊!如果不小心摔倒碰伤,将会给自己的身体带来多大的伤痛呀!也会给我们的学习带来莫大的影响。安全无小事,安全不可忽视,让我们一起来看看校园里我们身边都有哪些不安全因素,怎样做才能避免不安全的事情发生。

问题与思考

我的问题

1. ______________________

2. ______________________

3. ______________________

……

这么多的问题,同学们想不想知道答案呢?那就走进学校,开始我们的探究之旅吧!

方案与设计

古人说:“凡事预则立,不预则废。”做事有了目标和计划才能事半功倍。确定了需要研究的问题,接下来就需要分小组制订活动方案啦!我们一起来讨论交流研究哪些内容、小组成员怎样分工更合理、先做什么、再做什么。方案做好了,行动起来才有目标,做起事来更有条理。

(　　　)小组“关注校园安全”活动方案

活动主题			指导教师	
小组成员			组长	
活动目标				
活动内容与步骤	时间	方法	人员分工	成果形式
活动1:	第一周			
活动2:	第二周			
活动3:	第三周			

实践与体验

活动1:校园安全隐患大排查

我们学校曾有一个女同学上厕所时摔倒了,牙齿磕掉了一截,真可惜呀!看来,上厕所的路上也存在危险,我们的校园里还有哪些地方存在危险?你有没有遇到过或发生过不安全的事?我们一起利用下课的时间到校园里巡视一下,把藏有安全隐患的地方找出来并记录下来。

“校园安全隐患”考察记录

地点	安全隐患说明	可能会发生的不安全的事

"校园安全事故"采访表

姓名	班级	时间	出事地点	结果	原因分析

通过用心地观察、采访和思考，你一定有所发现，我们把它记下来。

最易发生安全事故的时间：________________

最易发生安全事故的地点：________________

调查、访问的过程中，你一定有许多感想，及时地写下来吧。

我的感想：________________

方法指导

做个会提问的小记者

调查与采访都离不开提问。同一个问题，有的人浅尝辄止，有的人会"打破砂锅问到底"。提问的方式不同，提问的技巧不同，获得的信息也是不同的。所以说，学会提问是一个小记者必备的条件。提问的技巧有哪些呢？

1. 我们可以将一个问题分成许多小问题。例如，把"校园不安全行为"这个问题分成"你在校园内受过伤吗？""在哪里受过伤？""是什么原因造成的？"等等。这样就把一个大问题变成问题串，被采访者就会详细地、有条理地告诉你你想了解的信息。

2. 问题的设计要由易到难。如果你一上来就提出难题，被采访者会觉得很有压力，他们就不愿意配合你。而先提一个容易的问题，让被采访者感到很轻松，然后慢慢地增加难度，他们就会自然而然地接受了。

3. 做调查采访时，要讲究提问的技巧，注意礼貌用语。如"你的生日是哪天？"加上"请问"二字，效果就不一样啦。

警示台

2014年9月26日14时30分许，昆明市明通小学发生踩踏事故，截至当日17时已造成6人死亡、26人受伤。昆明市盘龙区副区长陆佳向媒体介绍：当天学校预备铃打响后，学生从宿舍楼下楼时发生踩踏事故，发生事故的学生主要是一、二年级的学生。

2014年12月8日14时30分，淮北市同仁中学的两个班级正在举行篮球比赛，一名同学崴了脚，多名同学围观时围墙突然坍塌，造成5人死亡，2人受伤。

活动2:校园急救大本营

在校园内,经常会发生不安全的行为,给我们带来了身心的伤害。危险来了,我们怎么办？你了解避险的方法吗？让我们带着自己的疑问,通过网络搜索、书籍查阅等方式去探究,解答心中的疑惑吧!

通过查找资料、调查访问、讨论交流等方式,你的问题解决了吗？把它记下来吧。

“校园急救”研究报告

研究的问题	采用的研究方法 （如网络书籍查询、调查访问、实地考察等）	获得的避险方法
楼梯踩踏如何避免		
美术课上工具的使用		
体育课上的安全锁		
课间怎样安全地做游戏		
……		

小博士

防外伤感染的自救方法

1. 鼻出血：头向后仰，用手指捏住鼻头，再用毛巾冷敷。

2. 骨折：静止不动，找两块平整的板将受伤的部位夹住，冷敷止痛，把患部抬起并高于心脏，之后立刻送医院治疗。

3. 撞伤、碰伤：不要服止疼药，不要用手揉肿起的部位，以免增加内出血的可能。

4. 实验室烧伤：如轻度烧伤，注意保持伤处干燥与干净，在伤处覆盖薄纱以免摩擦。

5. 割伤、划伤：压住伤口止血，如果伤口很大、很深，就要把受伤部位抬高，高于心脏，冷敷止血。洗干净伤口（用温水、肥皂），擦药或贴上创可贴。如果杂物不容易清除或血流不止，就必须上医院。

6. 眼部受伤：闭上眼让泪水自动分泌、冲洗眼睛。如果受到重击，则采取冷敷的方法。

7. 不慎倒地时的自我保护动作。

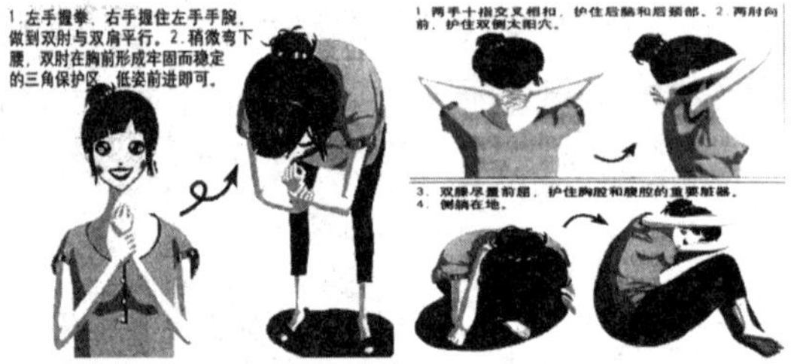

口诀：
小小外伤很难免，
救护不当有危险，
细心处理莫慌张，
课上课下保安全。

同学们，俗话说“防患于未然”，为了防止意外伤害的发生，我们可以采取哪些预防措施呢？

活动 3：撑好校园安全防护伞

我们把同学们的好建议汇总起来，再一起动手做一做。

1. ____________________

2. ____________________

3. ____________________

……

警示台

哪些危险游戏不可取？

1. “拔萝卜”：一个人用双手夹住另一个人的头往上拽，这种游戏容易造成颈椎脱臼或骨折。

2. “挤狗屎”：大家把一个人推到角落里用力挤，这种游戏容易造成窒息、胸腔出血，严重者甚至危及生命。

3. “砸夯”：四个人分别拉住第五个人的一只胳膊、一条腿，用力往地下墩屁股，这种游戏容易造成尾骨骨折。

4. “打仗”：互相扔石头、打弹弓、拼刺刀，这种游戏一不小心就会引发流血事件。

总结与交流

一段快乐的探究之旅就要结束了，让我们把研究成果展示一下，与大家共同分享这份快乐吧。

我的收获：____。

我的研究方法：____________________________________。

下次活动中我要注意的问题：________________________。

我还想研究

在实践探究的过程中，你肯定又产生了一些感兴趣的问题，大胆地提出来并想办法去解决。

关注自我

主题三　走近网络

活动目标

1. 围绕研究主题和内容，运用调查、采访等方法收集资料，用辩证的方法分析问题、解决问题。

2. 通过调查，认识到网络给我们带来方便的同时也给我们带来了危害，做到不迷恋网络游戏，保证健康上网，避免陷入网络陷阱。

3. 从自身做起，学会明辨是非、控制自我，自觉带领身边的小伙伴文明上网、健康上网，养成高雅的爱好和高尚的情趣。

设计构想

本单元围绕“走近网络”这一主题进行活动探究，从与学生生活联系最为密切的网络入手，说明研究的步骤与方法，帮助同学们打开探索之门。指导学生通过调查访问、资料收集等亲身体验的方式，了解网络给人们带来方便的同时所带来的危害，学会合理利用网络，识别身边的诱惑，让学生利用网络来解决学习和日常生活中的问题，养成健康上网的良好习惯。

参考主题

1. 走近网络

2. 生活中的网络语言

3. 网络与我们的生活

实践方式

网络查询、实地考察、调查采访、问卷调查、设计制作、实践体验、展开辩论、宣传倡议等

整合学科

《品德与社会》五年级上册第一单元第 4 课《学会拒绝》中的《小心网络陷阱》，《安全教育》五年级第 7 课《警惕电子游戏的陷阱》、第 8 课《健康上网》

课时建议

2 课时

走近网络

同学们，老师经常会用班级 QQ、家校通等网络手段与家长交流，妈妈有时会在网络商店里购买生活用品、衣物等，我们小学生也有时会在微信朋友圈里发条

信息,网络与我们的生活息息相关。你们喜欢上网吗?上网会对我们的生活有什么影响?小学生怎样上网?

问题与思考

我的问题

1. ______

2. ______

3. ______

……

方案与设计

古人说:“凡事预则立,不预则废。”多少年来人们经历了风风雨雨,总结出了真理,做事有计划才能获得成功。我们要明白:哪些事情要做,什么时候做。要有先后的去做,把事情做得有条有理,才能完成这次认识网络的任务。根据自己小组的意见,制订活动方案。方案做好了,和小伙伴们一起讨论,进一步把方案完善,然后再开始行动。

(　　　)小组“走进网络”活动方案

活动主题			指导教师	
小组成员			组长	
活动目标				
活动内容与步骤	时间	方法	人员分工	成果形式
活动1:	第一周			
活动2:	第二周			
活动3:	第三周			

实践与体验

活动1:网络使用情况大调查

同学们,网络真的很神奇,它就像一本丰富的百科全书,让我们足不出户就能尽知天下事,网络还加强了人们之间的相互交流与沟通,给我们带来了无尽的乐趣。很多同学都有上网经历,我们先来一起调查一下我班同学的上网情况。

小学生上网情况问卷调查

1. 你喜欢上网吗?(　　)

A. 喜欢　　B. 不喜欢

2. 你经常光顾的网站都有哪些?(　　)

A. 百度　　B. 腾讯视频　　C. 淘宝　　D. 当当

E. 免费游戏　　F. 其他

3. 你上网主要做哪些事(多选,最多可选三项)?(　　)

A. 看新闻　　B. 查资料　　C. 看电影、玩游戏　　D. 聊天

E. 随便看看　　F. 其他

4. 你每次上网多长时间?(　　)

A. 不超过10分钟　　B. 11—30分钟　　C. 30分钟—1小时

D. 1—2小时　　E. 2小时以上

5. 你一般在哪上网?(　　)

A. 在家　　B. 在网吧　　C. 在学校

6. 你喜欢玩电子游戏吗?(　　)

A. 非常喜欢　　B. 喜欢　　C. 一般　　D. 不喜欢

7. 你喜欢玩电子游戏的原因有哪些?(　　)

A. 电子游戏设计得真有趣,很吸引人,一玩就上手

B. 游戏里的生活很刺激,如闯关、赢奖品等

C. 可以缓解一下紧张的学习生活

D. 同学们都在玩

E. 其他

8. 你玩电子游戏的途径是什么?(　　)

A. 游戏厅、网吧　B. 家庭电脑　　C. 手机　　D. 其他

9. 你每次玩电子游戏的时间是多少?(　　)

A. 不超过10分钟　　B. 11—30分钟　　C. 30分钟—1小时

D. 1—2 小时　　E. 2 小时以上

10. 你利用网络进行聊天吗？(　　)

A. 经常聊天　　B. 偶尔聊　　C. 不聊

11. 你用哪种方式在网络上与朋友聊天？(　　)

A. QQ　　B. 微信　　C. 视频、音频电话　　D. 聊天网站　　E. 其他

12. 你会和网上的陌生人交朋友吗？(　　)

A. 会　　B. 不会

13. 你是否曾遇到网友的骚扰？(　　)

A. 有　　B. 没有

14. 你认为网络对你的哪些方面有帮助？(　　)

A. 学习方面　　B. 生活方面　　C. 交友方面　　D. 其他

15. 父母对你上网的态度是怎样的？(　　)

A. 非常支持，可以随意上网　B. 支持但有所限制　　C. 不支持、不让上

通过调查，我发现了：

____

____

活动 2：网络利弊大家谈

网络一方面成为我们学习、生活的好帮手，另一方面，如果使用不当也会带来不良的影响。你觉得是网络的利大于弊，还是网络的弊大于利？让我们进行分组，分别选择一方的观点，通过收集资料、调查采访等方法查找有利的证词，让我们举行一场激烈的辩论赛吧！

“网络利弊大家谈”辩论赛

正方：

1. ______________________________

2. ______________________________

3. ______________________________

……

反方：

1. ______________________________

2. ______________________________

3. ______________________________

……

辩论结束以后，同学们共同总结一下，明确双方说得对的地方，使我们对使用网络这个问题有比较全面的认识。

辩论总结

正方意见：______________________________

反方意见：______________________________

辩论结果：______________________________

警示台

1.据报道，南昌一高中生玩网络游戏，在网吧中猝死。时隔不到半个月，广西传来报道，一学生连续10个小时在网上聊天，因疲劳过度猝死在网吧。

2.胡某非常喜欢玩网络暴力游戏。一天，他正在网上玩捅人的游戏，由于技术欠佳，一次次被人捅死，旁边一个同学嘲笑了他几句，于是，在网上“杀红了眼”的他，一气之下，抽刀将那个同学捅死，而后依旧沉浸在游戏中。直到警方赶到现场，他才惊醒：“我是不是杀死了人？会不会坐牢？”

3.某市一位小学生出于好奇心，到一家游戏厅玩一种名叫“老虎机”的游戏，结果没有几天就输了2000多元钱，网络游戏的危害真是游戏“猛于虎也”！

资料在线

沉迷网络的危害

沉迷网络造成的躯体障碍:长时间注视电脑屏幕可导致视力下降、眼痛、怕光、流泪等，暗适应能力降低；长时间敲击键盘可引起“腕管挤压综合征”；长时间僵坐在电脑前可出现腰背肌肉劳损、脊椎疼痛变形等；长时间上网，会引发低糖、脱水等症状，还可导致睡眠节律紊乱、自主神经功能紊乱、内分泌失调、免疫功能降低等，诱发胃肠神经症、紧张性头疼等种种疾患。

“沉迷网络”造成的心理障碍:沉迷网络会产生网络依赖性，如，出现时间失控，陷于其中不能自拔；注意力不能集中，感知觉能力降低，记忆力减退，逻辑思维活动迟钝;沉迷网络会出现幻觉、妄想、恐惧、悲观、自我否定、轻生等症状；有的人与网友见面，对身心带来巨大的伤害；甚至有的人模仿网上作案手段而发生行凶杀人、暴力抢劫、骗取钱财等犯罪行为，导至人格的丧失。

活动3:健康小网我行动

1. 健康上网的方法

网络是把双刃剑,对于明辨是非能力不强的小学生来说,很容易误入歧途。掌握了健康上网的方法,我们就能安全地使用网络了。健康上网有哪些好方法呢?

我收集资料的方法是________________________

我了解到的健康上网的方法有____________________

通过收集资料,我的观点是_______________________

请同学们把好的建议汇总起来:________________________

____

小博士

如何健康上网？

1.上网前要有明确的目的，有选择地浏览自己需要的信息；不浏览色情、暴力、凶杀网页和玩这方面内容的游戏；不参与赌博类游戏。

2.青少年儿童禁止进入游戏厅、网吧等场所。

3.上网聊天时，不使用污言秽语，不轻信网友，不透露个人真实信息；不盲目相信网友或网上的传言；受到网友骚扰、威胁、恐吓时要及时与其断交，必要时告诉父母或老师。

4.不理睬、不回应来历不明的电子邮件，定期修改自己的上网密码。

5.坐姿要端正，眼睛与屏幕之间应保持70厘米以上的距离。光线不宜过亮或者过暗，做到经常眨眨眼睛。用完电脑后，洗脸、洗手，注意清洁卫生。

2. 健康上网，文明生活

只有健康上网，才能充分发挥网络的便利，让网络更好地为我们的学习和生活服务。把同学们的好建议汇集起来，让我们小手拉大手，一起行动，共同参与到“健康上网，文明生活”的行动中来。

总结与交流

通过这次实践活动，你对网络有了哪些新的认识？

我的收获：________________________________。

我的研究方法：______________________________。

下次活动中我要注意的问题：_______________________。

我还想研究

我与自然

主题四　可怕的消失

活动目标

1. 了解家乡生态环境，学会收集、筛选和处理信息，确立研究的主题，运用调查、实验、采访、探究、归纳等方式分析问题产生的原因，分析、思考如何改变现状。

2. 认识到地球为人类做出的巨大奉献，了解地球当前正面临的资源日益减少、环境日渐恶化等重大问题，理解人与自然和谐共存的重要性，体会“只有一个地球”的含义，进而产生热爱地球、关心地球的情感。

3. 树立可持续发展的意识，树立环保、节约能源的意识，从自身做起，珍惜资源，拒绝污染，保护环境，关爱家园。

设计构想

1. 本活动围绕“可怕的消失”这一主题进行探究，主要围绕地球资源的消失展开，从学生身边非常密切的水资源、动物资源、森林资源、海产品资源等的减少和消失开始，重点让学生了解地球变穷了——地球资源日渐匮乏，甚至消失，应当珍惜资源、保护环境，重视对社会生活基本能力和学习、探究能力以及社会责任感的培养，让孩子从小认识和关注生态问题，理解人与自然和谐共存的重要性，树立环保节约意识，做到身体力行。

2. 本单元还为同学们准备了两个参考主题，供同学们选择研究。项目设计从资源的减少入手，以“可怕的消失”主题为例，说明研究的步骤与方法，帮助同学们打开探索之门。指导学生通过观察、思考、探究等亲身体验的方式，了解资源的减少、匮乏带来的危害，最终达到知、情、意、行的和谐统一。

参考主题

1. 地球太挤了——人口急剧增长的研究

2. 地球变脏了——垃圾处理的研究

实践方式

网络查询、实地考察、调查采访、问卷调查、设计制作、实践体验、宣传倡议等

整合学科

《品德与社会》五年级下册第二单元第2课《重负的大地》、第3课《我们能为地球做什么》,《环境教育》第二单元第5课《消失的耕地》、第6课《湖泊变小了》、第7课《动物哪里去了》、第8课《星星不见了》,第三单元第9课《难以去除的“口香糖”》、第10课《白色污染》、第11课《遗弃的电池》、第12课《电子垃圾》

课时建议

4—6课时

可怕的消失

同学们,地球妈妈为我们提供了生存的空间和丰富的资源,可是你发现了吗?在我们的生活中,有许多地球资源在日益减少,土地变少了,水库中的水变少了,海洋中的鱼虾变少了,野生动物也越来越少……你想过没有,假如有一天,这些资源都消失了,地球会怎样?我们的生活会怎样?

问题与思考

我的问题

1. ____________________

2. ____________________

3. ____________________

……

方案与设计

古人云："凡事预则立，不预则废。"做事有了目标和计划才能事半功倍。确定了感兴趣和需要研究的问题，接下来就需要分小组制订一个活动方案啦！我们一起来讨论交流研究哪些内容、小组成员怎样分工更合理、先做什么、再做什么。方案做好了，行动起来才有目标，做起事来才会更有条理。小组开始行动吧！

（　　　）小组"荣成市水资源减少的调查研究"活动方案

<table>
<tr><td>活动主题</td><td colspan="2"></td><td>指导教师</td><td></td></tr>
<tr><td>小组成员</td><td colspan="2"></td><td>组长</td><td></td></tr>
<tr><td>活动目标</td><td colspan="4"></td></tr>
<tr><td>活动内容与步骤</td><td>时间</td><td>方法</td><td>人员分工</td><td>成果形式</td></tr>
<tr><td>活动1：</td><td></td><td></td><td></td><td></td></tr>
<tr><td>活动2：</td><td></td><td></td><td></td><td></td></tr>
<tr><td>活动3：</td><td></td><td></td><td></td><td></td></tr>
</table>

实践与体验

活动1：节约用水我做起

1. 荣成水资源现状实地考察

荣成水资源的现状是怎样的？后龙河水库是荣成城区居民生活用水的主要来源，俗话说："耳听为虚，眼见为实。"让我们一起到荣成的母亲河——后龙河水库去实地考察一下吧。

在实地考察前，我们先来完成计划表。

实地考察计划表

活动组名（　　　　　）

<table>
<tr><td>研究主题</td><td colspan="3"></td></tr>
<tr><td>考察内容</td><td colspan="3"></td></tr>
<tr><td>考察时间</td><td></td><td>考察地点</td><td></td></tr>
<tr><td>考察路线</td><td colspan="3"></td></tr>
<tr><td>工具准备</td><td colspan="3"></td></tr>
<tr><td>考察方法</td><td colspan="3"></td></tr>
<tr><td>人员分工</td><td colspan="3"></td></tr>
<tr><td>考察中应注意的问题</td><td colspan="3"></td></tr>
</table>

后龙河水库实地考察结果：________________________________

____

2. 荣成水资源缺乏原因调查

可以通过网络收集的方式，也可以到水利局采访专业人士了解情况。经过调查，得出结论。

荣成市水资源缺乏的原因：________________________________

____

3. 节约用水，从我做起

节约用水，迫在眉睫。怎样节约用水呢？在家中可以观察爸爸妈妈节水的做法，也可以在社区中到有生活经验的爷爷奶奶家进行学习，还可以通过网络进行了解等。

我的学习方法：________________________________

让我们举办节水小妙招展示交流会，互相交流自己的节水小妙招吧！

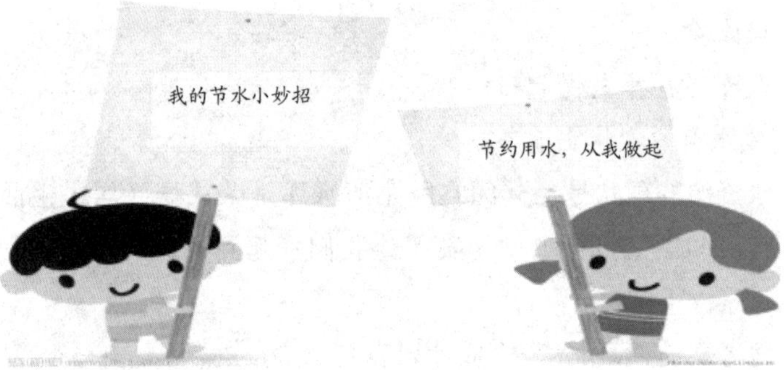

小博士

洗脸水用后可以洗脚，然后冲厕所。

家中应预备一个收集废水的大桶，它完全可以保证冲厕所需要的水量。

淘米水、煮过面条的水，用来洗碗筷，去油又节水。

养鱼的水浇花，能促进花木生长。

活动2：保护海洋资源我有责

1. 荣成海产品状况小调查

听妈妈说，目前荣成海产品的价格很贵，到底贵到什么程度？是什么原因造成的呢？我们可以到海鲜市场去调查，可以采访渔民，也可以到冷藏厂去了解，还可以到渔港码头去实地考察……

我采用的方法是：________________________________。

我了解到的情况是：________________________________。

通过了解，我想说：________________________________。

2. 我做“保护海产品资源”宣传员

通过调查了解，我们发现，荣成的海产品资源已经面临枯竭。作为荣成的一员，我们理应为保护海产品资源贡献自己的微薄之力。

- 我们可以印发宣传单，到渔港码头进行“遵守休渔期政策”的宣传。
- 我们还可以利用微信、QQ 等营造“保护海产品资源”的宣传。
- 当我们发现有人在休渔期违规出海作业时，要及时进行举报。

资料在线

什么是休渔期?

为了让海洋中的鱼类有充足的繁殖和生长时间，每年在规定的时间内，禁止任何人在规定的海域内捉鱼，这对鱼类的生长起到了很好的保护作用。休渔期就是禁渔期，它根据水生资源的生长、繁殖季节习性等，避开其繁殖、幼苗生长的时间，用以保护资源。各海区、水域，每年的休渔期都不是固定的。

活动 3：关爱动物我先行

1. 荣成动物减少或消失小调查

同学们，动物资源的减少大家有目共睹，让我们在家乡荣成进行调查，看看哪些野生动物减少或消失了，并查找原因。

家乡野生动物减少(消失)小调查

(　　　)小组

时间		地点	
调查内容			
调查方法			
调查记录			
其他			

调查总结

实际状况：________________

2. 关注大天鹅，保护动物

近些年，大天鹅成群结队来我们荣成过冬，已经成为家乡荣成的一道亮丽的风景线。让我们也关注大天鹅，保护它们，让荣成成为它们永远的家。

利用假期时间，邀请老师或家长一起到天鹅湖参观、采访。

天鹅湖参观、采访记录表

(　　　)小组

时间		地点	
被采访人			
采访问题			
采访记录			
观察到的现象			

得出结论：________________

____

小博士

你知道吗？

荣成天鹅湖，位于胶东半岛最东端，成山卫镇境内，东、南两面濒临渤海，四季分明，平均气温在11.8摄氏度，属中纬度温带季风性海洋气候。每年11月到次年3月，成千上万的大天鹅不远万里从西伯利亚、蒙古等地成群结队到这里栖息越冬。

这里的天鹅湖并不是湖，而是海洋的一部分，一条百米宽的沙坝，阻断了它与大海的联系，也阻挡了海水的汹涌，使这里储备了无尽的灵气和丰腴，成就了天鹅最佳的栖息地。只有在涨潮的时候，海水淹没沙坝，天鹅湖才会挣脱束缚，重回到海洋的怀抱。天鹅每年往返万里行程，是世界上唯一能飞越珠穆朗玛峰的鸟类。这里也是摄影爱好者的天堂，每年都有很多的摄影家和摄影爱好者从中国其他省市和世界各地来到这里。

活动4：节约纸张的行动

由于滥伐森林、滥垦草地，水土流失日益严重，荒漠化不断扩大，地球上的绿色越来越少。纸张是用树木做成的，保护森林要从节约每一张纸开始。

1. 浪费纸张现象调查

让我们先来了解一下班级里的同学一天的用纸量。

(　　　)班同学一天用纸量调查

时间		地点	
每人每天用纸量			
全班同学每天用纸量			

得出结论：______________________________

____

我们再来进行细致观察：同学们浪费纸张的现象有哪些？

我的发现：______________________________

资料在线

你知道吗？

请大家珍惜手中的每一张纸！

纸张的生产从来就是以破坏环境为代价的。据资料显示，目前，我国每生产1吨纸就要耗费20棵大树、100立方米水。如果每人每天浪费一张纸，全国就要浪费约2700吨纸、27万吨水。但这“一纸之费”并非就这样费为无形，它将带来触目惊心的后果：2700吨纸，意味着54000棵大树将化为乌有。还有，这27万吨水在造纸后变成了污水，如果将这些污水注入一座水质可供饮用的大型水库，顿时变为有害的废水。专家称污水需要造价高昂的处理厂处理之后才能还原为可供再利用的净化水。但据说即使在发达地区的城市里建造一座中小规模的污水处理厂也要掂量再三，因为每座这样的污水处理厂的投资都在亿元以上。当然也可以任由这些污水流入江河，但后果是人类见到的最后一滴水是人类自己的眼泪。

2. 保护树木从我做起

(1)举办节约纸张交流会，号召同学们节约每一张纸，交流节约纸张的好方法。

(2)尽量减少使用一次性物品，例如一次性筷子、面巾纸等的使用，并号召身边的人也加入其中。

(3)积极参加植树造林活动，保护身边的植物，让绿色遍野，让树木成林。

通过这次实践活动，你对保护资源有了哪些新的认识？

我的收获：______________________________。

我的研究方法：______________________________。

下次活动中我要注意的问题：______________________________。

我还想研究

我与自然

主题五　重负的大地

活动目标

1. 学会收集、筛选和处理信息,确立研究的主题,运用调查、实验、采访、探究、归纳等方式分析问题产生的原因,分析、思考如何改变现状,获得实践体验和感受。

2. 细致观察地球为人类做出的巨大奉献,采访、调查、了解地球当前正面临的人口急剧增长、资源匮乏、环境恶化等重大问题,体会“只有一个地球”的含义,理解人与自然和谐共存的重要性。

3. 树立可持续发展的观念,从自身做起,珍惜资源,拒绝污染,保护环境,关爱家园。

设计构想

1. 本主题围绕“重负的大地”这一主题进行活动探究,围绕地球的馈赠、地球的重负、地球的保护三个方面开展,从与学生关系非常密切的难以去除的口香糖、白色垃圾污染、遗弃电池的危害等开始,重点让学生了解地球变挤了、变穷了、变脏了,地球不堪重负,应当减少环境污染,保护环境,重视对社会生活基本能力和学习、探究能力以及公民道德的培养,让学生从小认识和关注生态问题,理解人与自然和谐共存的重要性,树立环保节约观念,做到身体力行。

2. 本单元为同学们准备了六个参考主题,供同学们选择研究。项目设计从与学生生活联系最密切的电池污染入手,以“遗弃的电池”主题为例,说明研究的步骤与方法,帮助同学们打开探索之门。指导学生通过观察、思考、探究等亲身体验的方式,了解废旧电池对环境的危害与威胁、废旧电池的分类处理等,最终达到知、情、意、行的和谐统一。

参考主题

1. 重负的大地
2. 难以去除的“口香糖”
3. 白色污染
4. 遗弃的电池
5. 电子垃圾
6. 关爱母亲河

实践方式

网络查询、实地考察、调查采访、问卷调查、设计制作、实践体验、宣传倡议等

整合学科

《品德与社会》五年级下册第二单元第 2 课《重负的大地》、第 3 课《我们能为地球做什么》,《环境教育》第二单元第 5 课《消失的耕地》、第 6 课《湖泊变小了》、第 7 课《动物哪里去了》、第 8 课《星星不见了》,第三单元第 9 课《难以去除的“口香糖”》、第 10 课《白色污染》、第 11 课《遗弃的电池》、第 12 课《电子垃圾》

课时建议

3—6 课时

遗弃的电池

在我们的生活中,电池扮演着举足轻重的角色,小到电子表、手电筒、玩具,大到汽车、飞机、卫星,随处可见电池的身影。电池与人们日常生活有着密切的关系,特别是随着科学技术的不断进步,人们生活水平的不断提高,人们对各种电池的需求量越来越大,与此同时,人们废弃的电池量也不断增加。随意乱扔废旧电池将给环境带来巨大的危害。

问题与思考

我的问题

1. ______________________________

2. ______________________________

3. ______________________________

……

方案与设计

古人云:“凡事预则立,不预则废。”做事有了目标和计划才能事半功倍。确定了感兴趣和需要研究的问题,接下来就需要分小组各自制订一个活动方案啦！我们一起来讨论交流研究哪些内容、小组成员怎样分工更合理、先做什么、再做什么。方案做好了,行动起来才有目标,做起事来才会更有条理。小组开始行动吧！

(　　　)小组“遗弃的电池”活动方案

活动主题			指导教师	
小组成员			组长	
活动目标				
活动内容与步骤	时间	方法	人员分工	成果形式
活动1:				
活动2:				
活动3:				

实践与体验

活动1:废旧电池小调查

日常生活中,手机、电视遥控器、玩具电动车、收音机、手电筒、相机的使用,都离不开电池。电池的品种随着社会的发展越来越多,我们家里使用的电池属于哪一种呢？我们每年遗弃了多少块电池？怎样遗弃呢？我们家里的哪些物品使用了电池？多长时间需要更换电池？请同学们调查一下自己家中电池的使用情况。

家用电池使用情况调查表

使用电池的物品	电池的数量	电池的种类	电池更换的时间	每月遗弃的电池数量	一年遗弃的电池总量

调查结束后,统计调查数据,计算出每个家庭、每个班级、整个学校或整个社区一年遗弃的废旧电池数量,你会发现什么？

资料在线

干电池使用小窍门

当手电筒灯光变暗时，可以将电池装在普通晶体管收音机里继续使用一段时间。晶体管收音机声音变小了，可以把电池装在晶体管闹钟里使用，能够正常运行几年。

可以买两套电池，标上记号，第一套使用，第二套备用。当第一套电池耗电 1/3 后，更换第二套电池，当第二套电池使用 1/3 后再换回第一套电池，但两套电池之间千万不可混用。

如果把新、旧电池接在一起用，旧电池内的电阻实际上就成了电路中的一个电器，会把电白白消耗掉，而且一直消耗到新、旧电池的电压相等时才停止。因此，新、旧电池不能合在一起使用。

当正在用电动剃须刀或是听半导体收音机时，突然电池电力不足，而手头又无新电池更换时，可把电池取出，用力捏捏，把电池外皮捏瘪之后再装回去，就可继续使用。此方法可重复多次使用。

活动 2:电池危害小调查

1. 电池危害小调查

虽然电池有很大的用处,可废电池对环境的危害还真不小呢！它就像一个“隐形杀手”,随时危及着我们的健康。你了解遗弃的废旧电池有哪些危害吗?

我收集资料的方法是____________________

我了解到的废旧电池的危害有____________________

通过收集资料,我的观点是____________________

资料在线

数据显示，一节电池产生的有害物质能污染 60 万升水，等于一个人一生的饮水量；一颗纽扣电池会污染土壤 60 年。我国是电池生产、消费大国，电池的年产量高达 140 亿节，消费约 100 亿节，占世界总量的1/3。

以全国13亿人口计算，假设每年每人用6节电池，算算看，这些电池能污染多少水？能使多少土地失去利用价值？你有什么感受？

2. 电池危害小实验

通过收集资料、调查研究,我们知道了废旧电池对环境有很多危害,我们再通过动手做小实验来进一步了解吧。

实验指导

电池危害小实验

实验一：电池渗出液对植物生长的影响。找两盆生长状况基本相同的植物，分别记为A盆和B盆。将电池的渗出液放入A盆土壤中，B盆不放。每隔一段时间观察记录它们各自的生长情况。

实验二：电池渗出液对生活在土壤中的动物的影响。两个盆里分别装有土壤和蚯蚓，在其中一个盆里放入电池渗出液，另一盆不放。定时观察盆中蚯蚓的活动及生长状况。

土壤	植物（蚯蚓）的生长情况				
	第5天	第10天	第15天	第20天	……
A盆（有电池渗出液）					

通过以上的实验观察，我得出的结论：______________________________

______________________________。

小博士

你知道吗？

1925年，日本氮肥公司在熊本县水俣湾建厂，长期以来，工厂把没有经过任何处理的废水排放到水俣湾中。1956年，水俣湾附近发现了一种奇怪的病，这种病最初出现在猫身上，随后不久，发现也有人患有这种病。患者由于脑中枢神经和末梢神经被侵害，出现口齿不清、步履蹒跚、面部痴呆、手足麻痹或变形、视觉丧失等症状，严重者出现神经失常，或酣睡，或兴奋，身体弯弓高叫直至死亡。

这种怪病就是日后轰动世界的“水俣病”，其罪魁祸是工业废水中含有大量的汞。当汞在水中被水生生物食用后，会转化成甲基汞。这种剧毒物质只要有挖耳勺一半大小就可以致人死亡。水俣湾由于常年被工业废水严重污染，这里的鱼虾类也由此被污染。这些被污染的鱼虾通过食物链进入动物和人的体内，甲基汞被人的肠胃吸收，侵害脑部和身体的其他器官。进入脑部的甲基汞会使脑萎缩，侵害神经细胞，破坏维持身体平衡的小脑,破坏知觉系统。

废电池里含有锌、汞、铅、镉、铬等重金属，汞对人体中枢神经的破坏力很大，我国电池产生消耗的汞每年就达几十吨之多。镉在人体内极易引起慢性中毒，导致的主要病症是肺气肿、骨质软化、贫血，很可能使人体瘫痪。而铅进入人体后最难排泄，它干扰肾功能、生殖功能。这些重金属对人体的伤害都无法估量。

活动 3:电池处理学问大

1. 废旧电池处理小调查

基于以上研究,我们不难发现,电池在给我们带来方便的同时又给我们带来这么多的危害。我们身边的人又是如何处理废旧电池的呢?小组来调查一下周围不同类型的人分别对废旧电池采取哪些处理方法。

废旧电池处理小调查

调查对象	用电池物品	电池种类	处理方法
父母			
老师			
邻居			
社区人员			
……			

调查总结

实际状况:________________________________

存在的问题:________________________________

电池是有使用寿命的,当它的电能消耗完后,使用寿命也就结束了。有些人在电池用完后,不注意妥善处理,随手乱丢,这是很不好的习惯。废旧电池会污染环境,电池用完了,我们应该怎样处理电池呢?让我们查查资料、调查了解一下。

我收集资料的方法:________________________________。

我了解到的废电池处理的方法:________________________________。

通过收集资料,我的观点:________________________________。

2. 废旧电池处理妙招多

目前我国对废电池的环境管理基本上处于空白。每年报废的上百亿块废电池大部分被随意丢弃,对生态环境和公众健康构成了潜在威胁。作为一名小学生,在处理废旧电池方面我们可以怎么做?

请同学们把好的建议汇总起来：________________________________

____

小博士

你知道吗？

国际上通行的废旧电池处理方式大致有三种：固化深埋、存放于废矿井、回收利用。在日本，他们将电池分好类，再进行处理。在德国，顾客在购买新的铅酸蓄电池时，必须同时交回旧的蓄电池，否则就必须缴纳7.5欧元的押金。正是由于这一条款，使得德国的铅酸蓄电池回收利用率几乎达到100%。

电池虽然危害很大，但也有回收利用的价值。据调查，我国有50%的镍和95%的钴需要进口，在目前重金属价格居高不下的前提下，废旧电池回收有望成为“城市里的金矿”。废旧电池中95%的物质均可回收，尤其是重金属回收价值很高。在废旧电池中每回收1000克金属，就有82克汞、88克镉。可以说，回收处理废旧电池不仅解决了环境污染问题，也实现了资源的回收再利用。

解决废旧电池污染最根本的办法是寻找安全而科学的处理方法，让工厂把有用的东西循环再用，把有害的物质变为无害。

总结与交流

通过这次实践活动，你对废旧电池有了哪些新的认识？

我的收获：________________________________。

我的研究方法：____________________________。

下次活动中我要注意的问题：________________。

我还想研究

我与自然

主题六　危险来了怎么办

活动目标

1. 通过查找资料，了解自然灾害有哪些，并掌握一些自然灾害发生后的自救自护、相互救助的知识。

2. 通过师生平等交流、观看视频资料、模拟演练等多种形式的活动，学习灾害中自救、互助的方法，提高自救、自护能力。

3. 培养学生在灾害中团结互助，通过实例，懂得危难之中人们团结互助的重要性。

4. 培养团队合作精神，小组成员有良好的时间观和纪律观，有明确的分工，确立自己的责任，努力完成自己的任务，通过自主、探究、合作交流，分享成功的喜悦。

设计构想

1. 本单元围绕“自我保护”这一主题组织活动内容，从自然灾害预防开始，重点指导学生掌握地震、洪水等自然灾害发生后自救、互救的方法，并让学生明白灾害来临时最重要的是做到头脑清醒不慌乱，重视对实践探究能力、调查访问能力以及安全意识的培养，让学生关注安全问题，强化安全意识。

2. 本单元为同学们准备了两个参考主题，供同学们选择研究。项目设计从校园安全入手，以“自我保护”主题为例，说明研究的步骤与方法，帮助同学们打开探索之门。同时,通过观察、思考、探究等亲身体验的方式,了解发现自然灾害后预防及自救的方法,强化防灾能力,最终达到知、情、意、行的和谐统一。

参考主题

1. 面对洪水如何避险
2. 当灾难降临的时候

实践方式

网络查询、实地考察、调查采访、设计制作、实践体验、志愿服务等

整合学科

五年级《品德与社会》上册第二单元第7课《面对洪水如何避险》、第4课《当灾难降临的时候》。

课时建议

4—5课时

危险来了怎么办

2008年汶川地震,太多的伤痛,太多的震撼,太多的感动打破了我们原本平静的生活。这都源于一个词——灾难。如果我们关注新闻报道就会发现,地球上每年都会发生各种各样的自然灾害,地震、洪水、台风、瘟疫……灾害无情地摧毁着人类的家园,甚至还会夺走人类宝贵的生命。

我的问题

1. ______
2. ______
3. ______

……

这么多的问题,同学们想不想知道答案呢?本主题我们以自然灾害为例,开

始我们的探究之旅吧！

方案与设计

古人说："凡事预则立，不预则废。"做事有了目标和计划才能事半功倍。确定了感兴趣和需要研究的问题，接下来就需要分小组各自制订一个活动方案啦！先请同学们提交自己感兴趣的问题，根据同类问题寻找协作伙伴，进行分组，各小组收集相关知识。然后一起来讨论交流研究哪些内容、小组成员怎样分工更合理、先做什么、再做什么。方案做好了，行动起来才有目标，做起事来更有条理。

（　　　　）小组"危险来临怎么办"活动方案

活动主题			指导教师	
小组成员			组长	
活动目标				
活动内容与步骤	时间	方法	人员分工	成果形式
活动1：	第一周			
活动2：	第二周			
活动3：	第三周			

自然灾害的种类比较多，很难做到在有限的课堂时间里把每一类灾害的相关知识都查找出来，所以根据自己的兴趣进行查找，其他知识则通过其他小组查找资料的方式了解。

实践与体验

活动1：自然灾害知多少

2008年5月12日下午2点28分，四川汶川发生了8.0级大地震，当时学生正在学校上课，突如其来的地震让许许多多的学生和老师葬身于瓦砾之中。一条条鲜活的生命在瞬间消逝，一朵朵含苞待放的鲜花在瞬间被摧毁。

地震是自然灾害的一种，那么除了地震，你还知道哪些自然灾害？它们会带来哪些破坏呢？请和伙伴们通过网络、书籍或采访寻找一下答案吧！

自然灾害知多少

我了解自然灾害	特点	造成的危害

调查、访问的过程中，你一定有许多感想吧，及时地写下来吧。

我的感想：______________________________

____

____

活动2：灾难预警大本营

自然灾害是无情的，但它在发生前是有征兆的，在自然灾害频发的地区，人们可以通过这些前兆提前做好准备，以减少自然灾害造成的伤亡和损失。你知道哪些自然灾害的前兆呢？让我们带着自己的疑问，通过网络搜索、书籍查阅等方式去探究、解答心中的疑惑吧！

通过查找资料、调查访问、讨论交流等，你的问题解决了吗？把它记下来吧。

灾难急救研究报告

研究的自然灾害	采用的研究方法（如网络书籍查询、调查访问、实地考察等）	获得的预警资料
地震		
海啸		
台风		
森林火灾		
……		

小博士

预防地震谚语

井水是个宝，前兆来得早。无雨井水浑，天干井水冒。
有的漂油花，有的冒气泡。有的变颜色，有的变味道。

地震有前兆，鸡鸭牲口闹。猪在圈里跳，羊跑狗乱叫。
牲口不进圈，老鼠往外逃。冬蛇早出洞，鱼儿水面跳。

看到这些图片我们非常震撼！灾难不仅带给我们伤痛，更让我们思考，当灾难来临时，我们该如何镇定自救，为自己在自然灾害面前打开一条通向生命的绿色通道呢？

活动3：撑好自救防护伞

我们把同学们的好建议汇总起来，并且一起来做一做。

1. ______________________________

2. ______________________________

3. ______________________________

……

当灾害到来时，人们的第一反应是逃生，想脱离危险。然而，如果惊慌失措、无知莽撞，往往会造成更大的人员伤亡。因此，面对突如其来的灾害，保持清醒的头脑、冷静的心态，并采取科学的方法进行自救和互救是非常重要的。

警示台

1.如果来得及，应远离建筑物，迅速跑到空旷的场所，双手抱头，马上蹲下。

2.切断电闸，关掉煤气，就近抱头暂避在桌子等坚固家具的下面。

3.暂避在厨房、洗手间等跨度小的地方，等到第一次地震余波后再迅速撤离。

灾难似乎是距离我们很近却又很模糊的字眼，也许我们很难遇到例如雪灾、地震等具有毁灭性质的自然灾害，但当这不可预设的灾难真的出现在我们面前时，我们该怎样去面对呢？就让我们通过一个环节来检验一下自己对灾难的应对能力吧。

活动4：模拟疏散演练

面对自然灾害，除了要有逃生的技巧外，还必须具备什么品质？让我们听听在灾难中重生的人的感言。

（出示：获救感言）能说说你现在的感受吗？

人在生活中总会遇到灾难，遇到困境和挫折，每当灾难降临，我们在电视和报纸上看到最多的就是“众志成城”，灾难使我们更好地团结在一起，让我们拥有了前所未有的凝聚力。我们身上受伤最多的地方，往往就是我们最坚强的地方。我们只有经历了挫折才会拥有不屈不挠的精神。彩虹总在风雨之后，生活中有风有雨，只要我们有坚强的意志，每一次的站立就是生活中一道绚烂的彩虹。就让我们通过歌声唱出自己的坚强、自信和乐观。

活动小结：在人类历史的长河中，爱的暖流绵绵不断。灾难虽然给灾区人民造成了巨大伤害，也夺去了许多人宝贵的生命，令我们的同胞失去了家园。但是也让我们学会了在灾难中坚强！同学们，当灾难来临的时候，我们每一个人都要做一个智者,相信你们会想办法为自己也会为他人打通一条生命的通道。

总结与交流

一段快乐的探究之旅就要结束了,让我们把研究成果展示一下,与大家共同分享这份快乐吧。

我的收获:______________________________。

我的研究方法:______________________________。

下次活动中我要注意的问题:______________________________。

我还想研究

在实践探究的过程中,你肯定又产生了一些感兴趣的问题,大胆地提出来并想办法去解决。

我与自然

主题七　生活科技探秘

活动目标

1. 学会收集和筛选资料,确定研究的主题,运用调查、采访、探究、归纳等方式分析问题产生的原因,分析、思考如何改变现状。

2. 通过开展活动,感受并体会科学技术改变着我们的生活,知道科学技术对人类生存与发展的重大影响,懂得科技是把双刃剑,学会用辩证的眼光看待事物。

3. 引导学生从自身做起,珍惜现在的幸福生活,努力学习,为人类的发展贡献自己的力量。

设计构想

1. 本单元围绕"科学技术的发展使人类走向文明"这一主题组织活动内容,

从认识科学技术给我们生活带来的变化入手，让学生了解科学技术对人们生活的发展产生的巨大影响，进而知道社会因科学技术的发展而走向文明。但科学技术是一把双刃剑，它可以造福人类，而如果人类滥用科学技术，也会带来许多危害，因此要讲究科技伦理。

2. 本单元为同学们准备了五个参考主题，供同学们选择研究。项目设计从认识科学技术给我们生活带来的变化入手，以“生活科技探秘”主题为例，说明研究的步骤与方法，帮助同学们打开探索之门。指导学生通过观察、思考、探究等亲身体验的方式，了解科技给我们生活带来的变化，最终达到知、情、意、行的和谐统一。

参考主题

1. 生活科技探秘
2. 环保家电
3. 喝上“海泉水”喽
4. 耕海牧渔
5. 家居新概念

实践方式

网络查询、实地考察、调查采访、设计制作、实践体验等

整合学科

五年级《品德与社会》上册第一单元《走向文明》第1课《科技带给我们什么》，五年级《环境教育》第四单元第1课《环保家电》、第2课《喝上“海泉水”喽》、第3课《耕海牧渔》、第4课《家居新概念》

课时建议

4—5课时

生活科技探秘

同学们，我们在家里就可以用手机或视频电话跟离家很远的奶奶聊天，我们可以乘坐电梯很轻松地上到12层楼，在大冬天我们可以吃到想吃的新鲜蔬菜瓜果……一直感觉，科技是离我们很遥远的事情，原来科技就在我们身边，它早已不知不觉地融入我们的日常生活中了。科技推动着社会的进步和发展，不断改变着我们的生活。

我的问题

1. ____

2. ____

3. ____

……

方案与设计

同学们,我们确定了研究主题,接下来我们就分成四个研究小组,每个小组进行一下分工,组长记录一下你们小组的活动方案。

(　　　)小组"生活科技探秘"活动方案

活动主题			指导教师	
小组成员			组长	
活动目标				
活动内容与步骤	时间	方法	人员分工	成果形式
活动1:				
活动2:				
活动3:				

实践与体验

活动1:身边的科技小调查

同学们,科学技术日新月异,它推动着社会的进步和发展,我们生活的方方面面都受到影响。可以说,我们每时每刻都在享用着它给我们带来的好处和方便。我们自己家里或社区里,穿的、吃的或用的,哪些是科技的应用?咱们采访一下身边的亲人或邻居,做一个“身边的科技”的小调查吧。

“身边的科技”调查表

采访对象	科技成果					大家的感受和认识
	饮食方面	居住方面	出行方面	服装方面	……	
父母						
爷爷						
老师						
超市阿姨						
……						

通过上面的调查采访,我知道了:______________________________

____

活动2:考察荣成市气象局

爸爸妈妈经常提醒我们“今天有阵雨,上学时别忘记带雨伞”“最近两天刮大风,要降温,上学时记得要穿外套哈”“明天气温28度,可以穿薄款的衣服了”……气象与我们的生活息息相关,气象就是运用科技让我们预知天气变化。人们将掌握的天气和气象知识用于工农业生产中,为人们的日常生活服务,甚至利用气象知识进行军事活动。气象预报是怎么制作出来的?今天,让我们一起走进荣成市气象局。

考察小提示

怎么来考察呢？

1. 活动前，收集一下关于气象预测的资料，主动提出新问题，列好考察提纲。

2. 实地观察时，注意观察“百叶箱”“日照计”“雨量器”“能见度测量器”等先进仪器，认真聆听气象局叔叔阿姨的介绍，分小组选择要观察的事物进行重点观察。要及时做好观察记录，除了语言描述外，还可以拍照、录像、录音、询问和提问题，遇到问题与同学商讨或寻求老师和气象局叔叔阿姨的帮助。整个考察过程要文明有礼、团结协作、注意安全。

3. 考察结束后，小组分类整理资料，做好交流分享。还可以分组选择几个简单易行的观测实验，亲自动手实验，从中体会气象观测的乐趣。

“参观气象局”考察记录表

观测仪器	科技原理	作用

此次考察，你一定有不少的新发现和感受吧，让我们记下来，一起分享。

通过考察，我对以下观测气象的先进仪器了解得比较多：________________

____

此次考察，我知道了：________________________________

____

此次考察，我的感受：________________________________

____

参观海边养殖厂、海洋科技馆等地方，可以对生活中的科技有更多的了解。我们可以在大人的带领下参观，你一定会收获多多。

小博士

你知道吗？

人工降雨的原理：通过一定的手段在云雾厚度比较大的中低云系中播散催化剂（碘化银），从而达到降雨的目的。一是增加云中的凝结核数量，有利于水汽粒子的碰并增大；二是改变云中的温度，有利于扰动并产生对流。而云中的扰动及对流的产生，将更加有利于水汽的碰并增大，当空气中的上升气流承受不住水汽粒子的飘浮时，便产生了降雨。

人工降雨是根据不同云层的物理特性，择合适的时机，用飞机、火箭向云中播撒干冰、碘化银、盐粉等催化剂，使云层降水或增加降水量，以解除或缓解农田干旱、增加水库灌溉水量或供水能力，或增加发电水量等。

活动3:辩论“科技是把双刃剑”

同学们,科学技术的发展给我们的生活带来了日新月异的变化。但是科学技术在让我们享受成果的同时,也会给我们的生活带来许多的问题。你觉得科学技术的利大于弊还是弊大于利？让我们分组讨论,分别选择一方观点,辩论前做好充分的准备，可以采用收集资料、调查采访等方法查找有利的证词，让我们举行一场激烈的辩论赛吧！

"科技是把双刃剑"辩论赛

正方：

1. ______

2. ______

3. ______

……

反方：

1. ______

2. ______

3. ______

……

辩论结束以后共同总结一下，肯定双方说得对的地方，使我们对科学技术的利与弊这个问题有比较全面的认识。

辩论总结

正方意见：______

反方意见：______

辩论结果：______

我们应该辩证对待、全面认识科学技术利大还是弊大这个问题，科学技术应该用来给人类造福，而不应当用来危害人类。

资料在线

什么是克隆？

克隆就是复制。运用克隆技术，从生物体中提取一个单细胞进行培育，可以长出同母体外形一模一样的子体。这项技术是由英国科学家威尔穆特教授发明的。1996年，科学家克隆的小羊多利出生了，它的外形同母羊一模一样。在医学方面它可以修复患者那些不能再生的被损坏的器官或组织，制成各种药物，治疗疑难病症。但是它引发了关于生物技术与伦理道德的思考。人们担心的是，假如克隆一个人是合法的，那么，克隆10个人、100个人也合法吗？

活动4:科学技术小发明

同学们,科学技术是人类的朋友,家庭生活、工农业生产、军事、科学,无论哪一行都少不了它。让我们运用科学技术动手来做一个简易的小发明,体验发明创造的快乐吧!

发明小提示

怎么进行科技小发明呢？

第一步：选题。即确定发明的对象，考虑研究什么问题。我们应从自己所熟悉的生活实际出发，在学校、家庭及周围的生活圈中去寻找发明题材。如当你在学习、生活中遇到一些困难时，你肯定会说："要是有某某东西就好了。"这个你想的所要发明的东西就可作为发明对象。选题时，要结合自己的知识水平和设计制作能力，不要空想。

第二步：构思设计。根据基本的科学原理和个人经验，设计出选题对象的形态、结构、方法与实施方案。构思时尽可能想出多套设计方案，再根据可行性与实用性精选出最佳实施方案。方案以取材简单、巧妙易行、缺点最少为好。

第三步：制作。制作时应尽可能利用现有条件，在少花钱甚至不花钱的前提下制作出精巧的作品。某些技术上的问题，可以向老师和家长请教，有时还可以找一些有关厂家帮助制作部分部件。

第四步：实践检验与改进。在使用中发现问题，并向家长、老师和同学广泛征求意见，对小发明加以改进。

科学小发明是一件人人能做的事，也是一项趣味无穷的实践活动，只要大家用心观察周围的事物，善于发现问题、提出问题，大胆探索，敢于动手实践，勇于突破条条框框的束缚，就会有所创新，有所发明。下面，请同学们对自己的科技小发明进行项目说明吧！

作品名称	
作品概述	说明：包括创意作品介绍、运用的科学原理、创新点、理论或应用价值等。
辅助材料	
图表资料	说明：包括外观图（或照片）、结构图、原理图和其他必要的图表资料等。

《　　　》科技小发明项目说明

通过上面的发明制作，我知道了：________________________

我的感受：________________________

小博士

你会发明吗？

科技创新从生活中来，为生活服务。生活中注意多观察、多思考：日常生活中的物品有哪些不足之处，怎样改进；生活中遇到不便时，要思考：如果有个……就好了。这就是发明的起源。发明创造要紧密联系生活，既要有新颖性、创新性，也要有实用性。

常用的发明创造技法：缺点列举法、迎合需要法、自由联想法、“加一加”法、“减一减”法、“变一变”法、逆向思考法、合理组合法、类比移植法和智力互激法等。

1. “加一加”法：加一加包括增加和扩大两种意思。有的物品如果在原有基础上扩大一些，或增加一个部分，或增加一种性能，则可能产生出乎意料的效果，创造出一种很有意义的新发明。

2. “减一减”法：与“加一加”法的思路相反，“减一减”是想方法设法使产品简化一些，缩小一些。把原有东西缩小、简化后，其功能用途并没有减少，甚至还产生了新的优点和用途。

3. “变一变”法：改变现有事物的形状、材料、结构、位置、颜色、气味等，可能使其产生新的特性，成为一种更科学、更优秀的物品。

……

总结与交流

通过这次实践活动，你有了哪些新的认识？

我的收获：________________

我的研究方法：________________

下次活动中我要注意的问题：________________

我还想研究

我与自然

主题八　我的天鹅朋友

活动目标

1. 初步了解大天鹅的生物学知识，定期观察大天鹅的越冬状况，在活动中对其生活习性有一个全面、翔实的了解。

2. 调查海边天鹅周边的生存环境，增强环保意识，调查当地对大天鹅的保护措施，增强学生保护大天鹅的意识。

3. 获得充分参加实践活动的体验，感悟自然与人的和谐统一，形成对生态环境的关爱和对社会的责任感，积极投入到环境保护之中。

设计构想

1. 本单元围绕“环境差异”这一主题组织活动内容，从荣成最著名的天鹅入手，重点让学生了解美丽的天鹅，了解它们的生活习性以及与天鹅息息相关的环境，让学生从小认识和关注环境，树立爱护天鹅、保护环境的意识。

2. 本单元为同学们准备了四个参考主题，供同学们选择研究。项目设计从与学生生活联系最密切的天鹅入手，以“走近天鹅”主题为例，说明研究的步骤与方法，帮助同学们打开探索之门。指导学生通过观察、思考、探究等亲身体验的方式，了解天鹅的习性和环境对天鹅的影响，最终达到知、情、意、行的和谐统一。

参考主题

1. 枫叶红了
2. 走近天鹅(大雁南飞)
3. 疯长的水葫芦
4. 一方水土养一方人

实践方式

网络查询、实地考察、调查采访、问卷调查、设计制作、实践体验、宣传倡议、志愿服务等

整合学科

五年级《环境教育》第一单元《环境差异》第1课《枫叶红了》、第2课《大雁南飞》、第3课《疯长的水葫芦》、第4课《一方水土养一方人》

课时建议

4—5课时

我的天鹅朋友

我们的家乡荣成市,境内海湾、沼泽和湿地较多,每年11月到来年4月,成千上万只大天鹅都会从西伯利亚及蒙古等地到荣成的天鹅湖和烟墩角等地越冬,荣成也成为国内最大的大天鹅越冬种群的分布地,被誉为“中国大天鹅之乡”。

问题与思考

天鹅的世界里处处都藏着有趣的问题。同学们,你发现了什么呢?你想到了什么问题?

方法指导

怎样提出又多又有价值的问题？

1. 认真观察生活，随时将自己的疑惑记录下来。

2. 与同学互相交流，在交流中互受启发，会发现更多的问题。

3. 学习提出问题的方法，围绕是什么、为什么、怎么办三个层次提出各种各样的问题。

在这个主题中，同学们可以提出很多问题，如大天鹅的生活习性、天鹅的生活环境、天鹅与诗歌……这些问题正是我们研究的起点，同学们，请提出你最感兴趣的问题吧。

我的问题

1. ____________________

2. ____________________

3. ____________________

……

方案与设计

大家提出了这么多有趣的问题，在探究之前，我们首先来制订一下研究方案吧，有了方案，我们的探究活动才会更有序、更有效。

（　　　）小组“走进天鹅”活动方案

活动主题			指导教师	
小组成员			组长	
活动目标				
活动内容与步骤	时间	方法	人员分工	成果形式
活动 1				
活动 2				
活动 3				

实践与体验

活动 1：了解我们的天鹅朋友

优雅的天鹅，洁白的羽毛，嘎嘎的叫声，温婉低缓。蓝色的海水，荡开来的是优美的倒影……大天鹅为什么喜欢到我们这里来越冬？他们有什么样的生活习性？我们用自己喜欢的方式来了解一下吧！

我收集资料的方法：____。

我了解到的关于天鹅的资料：______________________________________

资料在线

天鹅的迁徙

天鹅的迁徙，依然如斑头雁一样遥远而艰难，由于它们的体形很肥硕，使得它的飞行比斑头雁吃力许多倍。这样一来，天鹅在途中的伤亡度时常比斑头雁大得多。也许，这正是天鹅的数量一直没有斑头雁多的原因之一吧。

在中国胶东半岛的最东面，有一个天然的湖泊，被人称作为“东方天鹅湖”，每年十一月左右的时候，大量的天鹅便飞到这里来越冬。过完漫长的冬季后，它们又成群结队往遥远的西北迁徙，去那里躲避炎热的夏季。它们先飞向位于巴音布鲁克草原珠勒图斯山间盆地里的天鹅湖，在那里经过短暂的休息和能量补充后，又起程飞往西伯利亚，然后再往北极圈飞去。

无论它们是在胶东半岛越冬，还是到北极圈里过夏季，每次到达目的地后，它们几乎都是伤痕累累了。不是肌肉拉伤了，就是翅膀折断了，或者是过度劳累与疲惫给身心带来了许多伤痛与疾病。受伤后，它们只能依靠自身的能力来进行恢复，只能靠意志力来战胜伤痛与病魔。在北极圈，它们把身体恢复好后，冬季就要来了，于是它们又飞越千山万水往南迁徙。在南方的湖泊里把身体养息好后，夏季又要到了，于是它们又夜以继日往北迁徙。在天鹅的一生中，它们就是这样不断地受着伤，又不断地自我疗伤，不断地飞过去，又不断地飞过来。像所有的候鸟一样，天鹅把自己的一生交给了天空，交给了飞行。它们就在这样的飞行中，一代代繁衍，一代代延续，一代代在天空中书写生命的诗行。

天鹅是美丽的使者，美得让人震撼，纯洁得让人感动。近距离看天鹅，让我们更加了解天鹅，了解它们的生活习性和相关的知识。你观察到的天鹅的习性或相关知识都有哪些呢？赶快和小伙伴们交流一下吧。

“天鹅生活习性”观察表

观察项目 / 观察结果	天鹅的饮食	天鹅的繁殖	天鹅的迁徙	天鹅的生存环境	……

通过观察，我发现：____

____

方法指导

怎样观察天鹅的生活习性

我们在观察大天鹅的时候，要注意些什么呢？

1. 观察天鹅时正值冬季，到实地观察时要制订应急方案，落实安全责任，必要时取得家长的支持与配合。

2. 选定考察地点、范围、内容、项目、方案；观察大天鹅的种类、形态、特征、数量等。根据观察的实际情况，撰写观察日记，将观察所得及时进行总结和提升，与其他小组交流。

3. 利用望远镜、摄像机、超长焦镜头等设备观察大天鹅的生活习性。捕获和了解它们吃食物的细节，观察水生植物、动物的情况。

4. 向当地保护区工作人员和村民了解访问白天鹅生活的情况，向当地村民调查关于近年来大天鹅的越冬情况及及其生活习性。

活动2:探究大天鹅生存环境

在每年的11月中旬至来年的3月底,大天鹅都会来荣成过冬,为荣成人带来了祥和和愉悦。它们为什么会如此青睐于荣成,又为我们的生活带来了哪些影响呢?

天鹅生存环境访谈调查表

访谈对象		职业		联系方式	
访谈时间		访谈主题			
访谈提纲	天鹅为什么喜欢来荣成过冬?				
	大天鹅生存环境如何?				
	我们的生活对天鹅有影响吗?				
	……				
所获得的信息					
我的感想					

方法指导

调查采访六准备

充分的准备是成功的开始，做好调查采访也是如此。

采访内容：围绕大天鹅，我们要知道哪些方面的内容，一定要提前准备好。

采访对象：谁最能够给我们提供有用的信息，我们就把他作为我们的采访对象。

采访时间：什么时间采访，一定要征求采访对象的意见。

采访地点：合适的采访地点也有助于我们采访到有价值的信息。

采访用品：怎样记录有用信息，向陌生人采访时怎样证明自己的身份。

采访分工：与小组同学一起，要有合理的分工，如谁提问、谁记录、谁照相，这样我们获得的信息会更丰富、更全面。

大天鹅生存环境调查总结

荣成大天鹅生存环境的实际状况：________________________________。

存在的问题：____。

我的建议：____。

资料在线

据了解，素有“中国大天鹅之乡”美誉的山东省荣成市，每年10月中旬至翌年3月中旬都有上万只来自西伯利亚、贝加尔湖等地区的大天鹅在这里栖息越冬。

从20世纪80年代开始，每年冬天到荣成越冬的大天鹅数量越来越多，大天鹅已渐渐与当地民众建立了信任。

目前，除天鹅湖和烟墩角两处栖息地外，大天鹅几乎遍布荣成的沿海滩涂。去年冬天，来此越冬的天鹅群中还多了数只罕见的疣鼻天鹅和小天鹅。

荣成大天鹅国家级自然保护区管理处官员于壮志称，近年来，荣成先后设立了大天鹅保护协会、天鹅湖派出所、疫源疫病监测中心等。当地政府还关闭了天鹅湖附近的垃圾填埋场，并多次进行水域清淤和生态修复。

荣成市地处山东半岛的最东端，境内海湾、湿地较多，是中国最大的大天鹅越冬种群分布地。2011年，中国野生动物保护协会授予荣成市“中国大天鹅之乡”的称号。

关于荣成天鹅湖还有一个美丽的传说。传说秦始皇统一中国后，亲自到荣成成山头移山填海造桥求长生不老药，命令其妻听到锣声按时送饭。一日，天还未晌，由于昆虫乱飞撞响了锣，秦妻急忙把饭送到。秦始皇见妻子违令提前送饭，大怒，不由分说将妻子处死。妻子冤屈，泪流成河，在成山头附近马山北坡的洼地汇成了“泪水湖”。人们怀念美丽贤惠的秦妻，呼唤她纯洁的灵魂回到人间，于是天上便落下了无数的大天鹅，轻轻漂游在泪水湖上，人们也就把这泪水湖叫作天鹅湖了。传说给天鹅湖增添了神奇与魅力，其实“湖”的形成、天鹅的到来，与荣成独特的地理位置与气候环境密不可分。

活动3:诗情画意话天鹅

美丽而优雅的天鹅我们都很喜欢,想不想让天鹅永远留在我们的心中,你想用什么方式来记住天鹅呢?

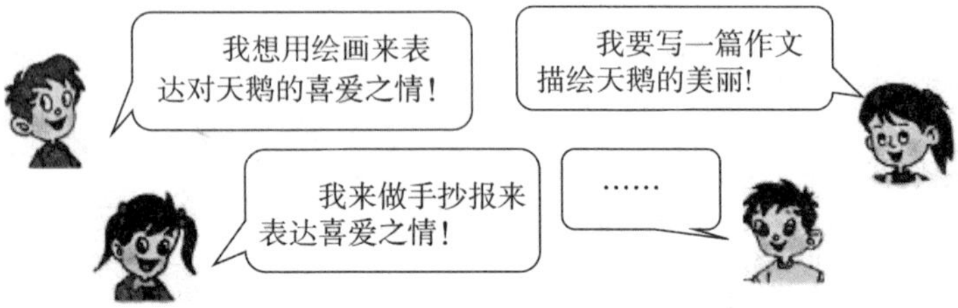

◎画一画:我心目中的大天鹅

让我们用自己的画笔画出美丽的天鹅。

◎写一写:做一名出色的小作家

用自己的文字把你对天鹅的喜爱之情描写出来。

观察日记

怎样提出又多又有价值的问题?

我的家乡在山东荣成,那里有个美丽的景点,名叫天鹅湖。

每当冬至前后,就会有成千上万只天鹅来到“天鹅湖”。当一对天鹅滑过湖面,它们拍打着阔大的翅膀降落在水中,天鹅身上的雪白羽毛衬托出它们的高贵和美丽。天鹅在湖面上娴静地、慢慢地游动着,那平静的湖面就像一面明亮的大镜子,倒映出它们那高雅的身影,好像一对舞蹈演员在跳“水上芭蕾”,使我不禁想弹奏一曲天鹅舞曲来为它们伴奏。这里的天鹅有的安详自在地在湖面上嬉戏,有的悠闲自得地用嘴梳理自己漂亮的羽毛,还有的在……我应接不暇,看清楚这只,又错过了那只,看见了那只,另一只又飞了起来。围观的游人也被这美丽的景观深深吸引了,不禁拍手称好,高声欢呼。一只天鹅从湖中飞了起来,被我们的掌声一吓,又飞回湖中,兴奋地叫着,它似乎也被游人的情绪感染了。

美丽的天鹅湖衬托着碧蓝的天空、绿油油的小草和可爱的小野花，真像是一幅漂亮的图画，天鹅湖带给我们一股大自然的清新气息。美丽的天鹅湖告诉我们：世界是不缺少美的，只是缺少发现美的眼睛。

◎做做电子手抄报

将有关天鹅的相关知识制作成手抄报，看谁设计得既美观又新颖别致。

通过我们的画、写、制作，一定会把天鹅的美永远留在身边。加油吧！

活动4：行动起来，保护天鹅

近年来，随着荣成生态环境的不断改善和人们对野生动物保护意识的提高，来荣成越冬的大天鹅数量不断增多、栖息地面积不断扩大，天鹅与人也实现了零距离的和谐相处。3月初，白天鹅开始飞往西伯利亚，可有不少受伤的白天鹅“落单”了，有的甚至丧失了飞行能力。天鹅是我们的朋友，我们怎样保护天鹅才能保证大天鹅的自然属性不被改变？

请同学们把好的建议汇总起来。保护天鹅，关爱家乡，让我们分组行动吧！

____

____

总结与交流

1. 汇报与展示

探究活动结束了，对于这个朋友，你一定了解不少，也收获了很多。美丽的天鹅也给我们的生活带来了很多精彩和快乐。我们也要为天鹅朋友尽一份力量，让我们以小组为单位，把资料整理一下，在全班召开以“我的天鹅朋友”为主题的成果交流会。

2. 评价与反思

探究活动结束了，同学们的表现怎么样呢？我们以小组为单位做一个评价怎么样？

第　小组		小组长	
我们组的小作家			
我们组的画家			
我们组的手抄报之星			
我们组的小博士			
我们组的“提问”大王			
我们组的最棒摄影小记者			
我们组的优秀记录员			

一段快乐的探究之旅就要结束了，让我们把研究成果展示一下，与大家共同分享这份快乐吧。

我的收获：________________。

我的研究方法：________________。

下次活动中我要注意的问题：________________。

我还想研究

在实践探究的过程中，你肯定又产生了一些感兴趣的问题，大胆地提出来并想办法去解决。

后　记

多年以前，在研究校本课程的时候，我们就萌生了课程整合的想法，苦于没有机会付诸实践。但是这个未成形的“课程梦”一直萦绕在心中，我一直不断关注国内外有关课程整合的理念和动向，对本校的内涵特色发展以及师生成长的思考也从未停止过。2013 年，在一次教师专业发展的调查问卷中，我发现了一些共性问题。教师普遍反映，现行的课程内容与目标交叉重复现象严重，教师兼课过多，致使部分教师分身乏术，导致课堂效率低，很多课程只能讲一讲、画一画、背一背、“走过场”，学生兴趣缺失，间接加重了师生的负担，专家们辛辛苦苦编写出来的教材就这样成为了“鸡肋”。

痛则思变，既然这种现状不能促进师生发展，那我们为什么不尝试改变，对课程进行整合呢？“墙，推倒了便是桥”，于是我们就从最小的切入点开始，走上了课程整合与研发的艰难路程。赫尔巴特认为，只有综合教学才能够承担教育所要求的建立整个思想体系的任务。我们把国家课程和地方课程以综合实践的理念进行校本化的整合研发和实施。

2014 年 4 月，山东省教研室组织“五·四”学制课程设置方案专题组来威海调研，本校作为荣成市直小学的代表，谈及课程的设置和实施等问题，我们将原本的想法和初步的探索与领导及专家进行交流，得到了他们的一致认可，这更加坚定了我们的探索实践步伐。

在探索中前行，期间我们所受的苦、所遭的罪，不亲身经历的人永远不能得知。幸好有教研中心的张春芳老师和我们一起学习，一起研究，一起探讨。难忘为了资源包的完美设计，大家放弃节假日，加班加点，把肩负的家庭责任割舍在一边；难忘大家一起讨论，因为见解不同而争得面红耳赤；难忘有些老师因为课题实在太难，屡次失败不过关而流下泪水；更难忘经过反复的推敲，思维碰撞智慧闪现的那一刻，大家相拥而笑。“整合”不是一个结果，而是一个过程。在课程整合的探索旅程中,我们一路艰辛,一路高歌……

课程是一种有目的、有计划地影响人的过程。课程是一所学校的核心,有人曾说过:“一张课程表成就一个学生一生的幸福。”课程整合以促进学生健康成长为出发点和落脚点。对于学校来说,明确的培养目标才是课程规划的“主心骨”,核心素养将作为顶层设计,统领教育质量标准和课程标准。我们围绕人才培养目标,以向生命致敬的态度,实现教育对生命的成全。“课程整合会让课堂产生奇妙的魅力。”凡是对学生好的影响,我们必然会坚守和追求,理性和担当是我们回应改革中压力的不变心态。我们在坚守学生的立场、体验、收获的过程中,坚持不懈地进行课程整合的实践与探索,摒除功利、义无反顾,又平心静气。不知不觉间,时光已悄悄走过五年,“主题课程”如同一粒神奇的种子,在学校这片肥沃的土壤上悄然生根、萌芽、开花,改变着我校师生的生命状态,见证着我校教育的传奇变化。

课程整合不是“皇帝的新装”,而是“教师的新脑”。更大的课程自主决策权意味着更多的责任。教师发展具有渐进性特点,不可能发生突变。课程整合是一个漫长的过程,既是对课程整合主体——理论素养的挑战,也是对教师能力、精力的挑战。允许教师自主发展、渐进式发展显得尤为重要,成为课程专家、课程开发者、高水平的课程实践者显然需要较长的周期。

任何事物的发展都会经过初始萌发到景象繁华再到返璞归真的过程,课程整合也是这样,不是一蹴而就的,需经历不断深化、延展、提升和回归的过程。教育发展要走在学生发展前面,学生的健康成长和他们的未来发展,是我们最应该关注的,这是我们的教育良知。我们应遵循生命成长的规律,遵循教育发展的规律,回归教育的本质,真正站在学生的视角,摒弃所有的功利,用心去做教育。

加拿大学者罗宾·夏玛说:“不是因为某件事很难,你才不想做,而是因为你不想做,让这件事变得很难。”课程整合这件事让我们把艰难踩在脚下,成为通向未来发展的又一层坚实的阶梯。

王军钊

2017 年 6 月 25 日